UN CHEF D'ÉTAT-MAJOR

SOUS LA RÉVOLUTION

L'ADJUDANT GÉNÉRAL DE BILLY

(D'après une miniature de Ponce Camus.)

LIEUTENANT LOTTIN
DU 120ᵉ RÉGIMENT D'INFANTERIE

UN CHEF D'ÉTAT-MAJOR

SOUS LA RÉVOLUTION

LE GÉNÉRAL DE BILLY

D'APRÈS SA CORRESPONDANCE ET SES PAPIERS

AVEC UN PORTRAIT ET UNE CARTE

BERGER-LEVRAULT & Cⁱᵉ, ÉDITEURS

PARIS	NANCY
5, RUE DES BEAUX-ARTS, 5	18, RUE DES GLACIS, 18

1901

Je rends ici un hommage public de reconnaissance
à M. A. de Billy, petit-fils du général, qui a bien
voulu me permettre d'exploiter ses précieuses archives
et de mettre en œuvre les travaux de son père et les
siens.

Si j'ai pu tirer de cette étude quelque chose qui
soit profitable, je le dois aux enseignements de celui
qui affermit dans mon cœur les premiers principes
de la foi militaire, M. le colonel de Villebois-Mareuil;
je le dois aussi à l'affection de M. le général Chamoin
qui m'a fait comprendre la haute valeur morale du
chef militaire.

Je dédie à la mémoire glorieuse du héros de Boshof
qui, par son appui affectueux, remplaça mon père,
et à M. le général Chamoin, ce modeste fruit de mes
recherches.

Décembre 1900.

INTRODUCTION

L'étude de l'histoire militaire est entrée dans une voie nouvelle depuis la publication de la correspondance qui permet au lecteur de vérifier toute critique et de mettre de lui-même en lumière les relations des causes aux effets.

Cette méthode exige une mise en œuvre précise des documents dont la coordination donne la physionomie d'une époque. Nous essaierons ainsi de montrer ce que fut l'état-major sous la Révolution.

L'état-major de l'armée royale et celui de l'armée impériale ont été l'objet de plusieurs études, mais aucun des documents de l'époque de la Révolution, tout au moins jusqu'en 1796, n'avait encore été mis en œuvre.

Il est bien difficile, en effet, de suivre, dans ces temps troublés, un guide sûr pour l'étude de l'organisation et de la conduite des armées. Trop souvent on a simplifié cette étude en rapportant

tout à l'inspiration (¹). Nous avons vu, en dépouil-
lant les papiers du général de Billy, qu'il fallait
encore ici faire œuvre de raisonnement. Des idées
fondamentales dominent la carrière des généraux
de la Révolution, des principes essentiels s'imposent à eux et, comme il leur manque quelquefois le
temps d'en faire une assimilation complète, c'est
l'état-major qui est leur ressource constante.

Il ne semble pas qu'à aucune époque l'état-

---

(1) Une conception fausse et qui, d'ailleurs, a été fatale à
notre pays présentait les grands hommes de guerre comme
des illuminés dont le génie échappait à l'analyse. Déjà on en
a fait justice et récemment on a pu étudier la méthode rationnelle qui a présidé à l'éducation militaire de Napoléon ([a]).
On a montré comment, chez les hommes d'une intelligence
puissante, les « idées premières » s'imposent de suite parmi
toutes celles que leur offre l'évolution d'une philosophie ([b]);
ils en font du premier coup la base du raisonnement irré-
ductible d'où provient leur concept. Mais le groupement
successif et synthétique des faits, qui concourt à l'établissement des idées générales, et qui est une méthode accessible
à tous, est indispensable aussi à la guerre, car il implique
des procédés nécessaires, des méthodes usuelles, des déductions applicables aux circonstances envisagées.

Or, l'homme de guerre supérieur trouve le complément de
ses hautes facultés dans le dévouement d'esprits élevés qui
assument la grande mission d'être les auxiliaires du commandement, en mettant à son service le résultat de ces générali-
sations successives.

([a]) *L'Éducation militaire de Napoléon,* par J. COLIN, capitaine breveté
à la section historique de l'État-major de l'armée.

([b]) C'est la méthode de Descartes qui consiste à faire table rase de toutes
les déductions existantes et à remonter aux idées les plus simples.

major ait rendu plus de services. Tous les grands chefs de la Révolution y ont servi plus ou moins longtemps, tous ont rempli des missions variées et délicates dont le gouvernement ne pouvait plus lui-même assurer l'exécution. Être organe de commandement militaire et de gouvernement, n'est-ce pas, semble-t-il, l'apogée d'un service?

La carrière de de Billy, qui fut l'incarnation la plus remarquable du chef d'état-major, résumera aussi bien que possible l'histoire de l'état-major pendant la Révolution. On jugera, en outre, d'après les documents qui proviennent du général de Billy, du caractère de cet homme de guerre dont la modestie fut telle que l'histoire l'a presque oublié. En les parcourant, nous avons été frappé de voir que le chef d'état-major de Kléber, de Marceau, de Saint-Cyr, de Championnet, ne partageait pas toujours la faveur faite souvent aux aides de camp des mêmes généraux. Il a donc su personnifier d'une façon admirable le rôle d'abnégation grandiose qui est celui du premier organe du commandement.

Il nous a laissé, en outre, un exemple de méthode de travail qui a une importance extrême quand on songe que, par son instruction et par sa foi dans l'étude, il se fût mis rapidement au premier rang de la pléiade napoléonienne, si la mort ne l'eût arrêté à Auerstædt.

Enfin, l'historien trouvera dans la monographie des unités où de Billy a servi, dans la publication des ordres d'exécution et des travaux personnels du général, un champ d'études étendu et jusqu'ici inabordé.

Nous avons suivi, dans cette première partie (¹), l'esquisse biographique présentée par le fils du général dans *L'Arc de triomphe dédié aux Illustrations des armées françaises* (²).

Nous devons enfin un large tribut de gratitude à l'un de nos anciens chefs de la section historique, M. le capitaine Mahon, de l'état-major de l'armée, qui a bien voulu nous guider et nous conseiller à maintes reprises.

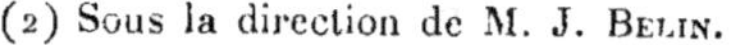

(1) La deuxième partie de cet ouvrage paraîtra ultérieurement.
(2) Sous la direction de M. J. BELIN.

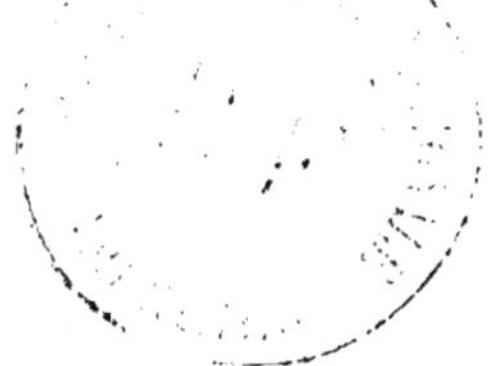

UN

CHEF D'ÉTAT-MAJOR

SOUS LA RÉVOLUTION

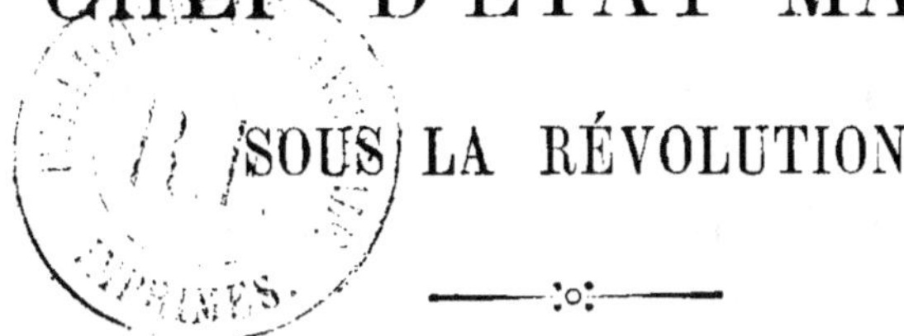

———— :o: ————

CHAPITRE Ier

De Billy ([1]). — *Les débuts de sa carrière militaire.*
L'armée des côtes. — La Vendée. — Le blocus d'Ehrenbreitstein.

———————

Jean-Louis de Billy ([2]) est né à Dreux le 29 juillet 1763. Il commença ses études au collège de Dreux, les continua à celui de Chartres et les finit à Paris.

---

(1) Généalogie de la famille de Billy (*Nouv. d'Hozier*, 2). Seigneur de Billy-sur-Ourcq près de Muret-en-Valois, en 1080, chevalier. Voir *Inventaire des titres de la Maison de Billy* par M. le vicomte Oscar de Poli. (Conseil héraldique de France.)

(2) *Note de M. A. de Billy.* On trouve plusieurs signatures différentes du général de Billy. Jusqu'en 1794 il signe Billy ; en 1795 et postérieurement il joint la particule au nom et signe Debilly, pour éviter d'être confondu avec un officier dont le nom ne différait du sien que par une seule lettre. ce qui occasionnait de fréquentes erreurs dans la transmission des ordres, Mais le général de Billy n'en a pas moins conservé dans les actes publics l'ancienne orthographe de son nom ([a]).

(a) Cette assertion est confirmée par une lettre de de Billy à Dubois-Crancé (20 pluviôse an III) [Archives de M. de Billy]. Il y avait à l'armée du Rhin deux officiers, Tilly et Cilly, dont la correspondance parvenait souvent par erreur à de Billy et réciproquement.

La commotion sociale de 1789 le trouva dans sa vingt-sixième année. Il adopta avec toute l'ardeur de la jeunesse les idées de la Révolution française, mais seulement dans ce qu'elles avaient de noble et de généreux.

Le 18 août 1789 [1], s'étant enrôlé volontairement dans la garde nationale non soldée de Paris, il fit partie de l'artillerie, service auquel le rendaient propre ses connaissances spéciales, et ne tarda pas à être nommé, d'abord capitaine commandant des canonniers du bataillon des Pères Nazareth, ensuite adjudant d'artillerie [2] chargé provisoirement des fonctions d'adjudant général de l'artillerie des trois premières légions [3].

Le 4 septembre 1792 [4], Santerre lui confia le commandement de toutes les compagnies de canonniers attachées au bataillon de la garde nationale, qui étaient dirigées sur Épernay. Billy se rendit

---

(1) Certificat d'enrôlement de M. Jean-Louis de Billy, *professeur de mathématiques*, rue du Faubourg-du-Temple, n° 7, dans la garde nationale, district des Petits Pères Nazareth (Archives de M. de Billy). Élu capitaine de la compagnie des Petits Pères Nazareth le 12 avril 1792. (Archives administratives, Dépôt de la guerre.)

(2) Élection du 25 mai 1792 faite par les officiers et canonniers volontaires de la garde nationale, à la suite du concours des 9, 12, 14 et 24 du même mois pour les deux places d'adjudants prévues par l'article 13 du décret du 13 mars 1792. M. de Billy a été élu par 44 voix sur 68. (Archives de M. de Billy. Procès-verbal de la séance.)

(3) Ordre de Santerre, du 12 août 1792, portant le nom « de Billy ». (Archives de M. de Billy.)

(4) Ordre de Santerre, du 4 septembre, portant également le nom « de Billy » et adjoignant MM. Feurschten et Gébert comme sous-adjudants généraux et M. Gérardin comme adjudant à l'adjudant général de Billy. Cet ordre a servi de feuille de route au titulaire. (Archives de M. de Billy.)

donc à l'armée du Centre sous Luckner et Dumouriez ; il eut successivement sous ses ordres l'artillerie de Châlons et le parc du camp de Saint-Michel ([1]). Il fut vers la même époque attaché à Labourdonnaie comme chef d'état-major ([2]).

Il revint à Paris après la bataille de Jemmapes ; mais, dès le 18 mars 1793, le commandant général de la garde nationale parisienne, sur la demande du même général Labourdonnaie ([3]), envoya Billy à l'armée des côtes de Brest pour y servir sous le commandement de ce dernier. Là, toute l'artillerie, faute d'officiers de cette arme, fut temporairement placée sous les ordres du jeune adjudant ([4]), qui, dans cette position, sut mériter les éloges du général en chef Canclaux. Plus tard, on le mit à la tète du parc d'artillerie qui fut servi par les seules compagnies de canonniers volontaires, jusqu'à l'arrivée de l'armée de Mayence, et il déploya la plus grande activité dans l'organisation du matériel, dans l'instruction

------

([1]) A l'affaire du camp de la Lune, l'artillerie parisienne était sous les ordres du duc de Chartres, le futur roi Louis-Philippe. (*Mémoires de Dumouriez.*)

([2]) Labourdonnaie avait remarqué l'activité prodigieuse et la puissance d'assimilation de de Billy pendant son séjour au camp de Saint-Michel. Il vit bientôt que le jeune artilleur serait un précieux auxiliaire du commandement et il ne se trompa pas. (Archives de M. de Billy.)

([3]) Ordre de Santerre à de Billy de rejoindre l'armée des côtes à Saint-Malo. (Archives de M. de Billy.) Voir chapitre du service d'état-major.

([4]) Le 4 avril, l'adjudant de Billy prend le commandement provisoire de l'artillerie de l'armée des Côtes. Ordre de Rossignol. (Archives de M. de Billy.)

des nouvelles troupes, dans toutes les parties de son commandement (¹).

Jusqu'alors, de Billy n'avait pas quitté les rangs de la garde nationale. Le général Canclaux le fit entrer dans l'armée régulière le 23 mai 1793 (²), avec le grade d'adjoint aux adjudants généraux, nomination qui fut ratifiée le 6 juin par le ministre de la guerre.

Le commandement de l'artillerie de l'armée des côtes lui fut rendu quelque temps après. Son habileté et sa bravoure assurèrent en grande partie les succès de cette armée contre les Vendéens, et notamment la belle résistance qu'opposa la ville de Nantes à leur attaque du 29 juin 1793 (³). Telle était l'opinion de l'armée, et cette opinion fut confirmée par l'attestation formelle du général en chef. Can-

---

(1) Le 19 mars an II, Vergnes désigne de Billy pour remplir les fonctions d'adjudant général d'artillerie et d'adjoint à l'état-major d'équipage commandé par le général Mérenveüe (ª), emploi qui devait être rempli par un officier de l'armée régulière. (Archives de M. de Billy.)

(2) Ordre de Canclaux autorisant Vergnes à nommer adjoint aux adjudants généraux à l'état-major de l'armée de Billy, sauf ratification par le ministre de la guerre, 23 mai 1793. (Archives de M. de Billy.)

(3) « Le soussigné, ci-devant général en chef de l'armée des côtes de « Brest, certifie que le citoyen Jean-Louis de Billy, adjudant général à l'ar- « mée de Sambre-et-Meuse, a servi dans celle des côtes de Brest en qualité « d'adjudant général d'artillerie et celle de ladite armée avec une distinction « et une supériorité auxquelles ont été dus les succès de cette armée contre « les Vendéens, et particulièrement la résistance de la ville de Nantes à leur « attaque formidable le 9 messidor 1793 ; que, dans toutes les occasions, « ce bon citoyen, ce brave militaire, s'est toujours montré tel et que, parti- « culièrement instruit dans le service de l'artillerie, il ne peut qu'être « avantageux à la chose publique de l'y rattacher par un emploi convena- « ble à ses bons services dont il sera la récompense.

« Paris, 21 ventôse an V.

« CANCLAUX. »

(ª) Mérenveüe (Jean-François Bouchel). général de brigade le 8 mars 1893, général de division le 26 août 1793.

claux le récompensa de ses services par le grade
d'adjudant général chef de bataillon (¹).

Nous le voyons encore continuer quelque temps
cette guerre terrible de la Vendée, sur tous les
points de la Bretagne, tantôt au camp d'Ancenis,
sous les ordres du général Grouchy (²), tantôt auprès
de Kléber et de Marceau, au combat d'Antrain et à
la sanglante bataille du Mans, tantôt à Rennes, à
Saint-Malo, à Saint-Brieuc, à Brest, à Quimper (³),
toujours actif, toujours infatigable. Non moins généreux que brave, il sut plus d'une fois contenir, par
sa fermeté, la fureur et les violences du soldat, et
tempérer par son humanité les excès de nos dis-
cordes civiles.

---

(1) 29 juin 1793. Voir plus loin, aux additions, les états de services. Cette
nomination est confirmée, le 11 juillet, par les représentants du peuple près
l'armée des côtes de Brest (Archives de M. de Billy). En l'an V, Alquier,
chargé d'un rapport sur différents chefs militaires, écrivait la lettre suivante :
« Je déclare que, chargé par la Convention nationale de surveiller la levée
« extraordinaire des chevaux dans les départements de la ci-devant province
« de Bretagne, j'ai connu, à l'armée des côtes de Brest, l'adjudant général
« d'artillerie de Billy qui commandait cette arme en chef, et je m'empresse
« d'attester que cet officier jouissait de la réputation, bien méritée, d'excellent
« citoyen et d'homme à talent. L'opinion de l'armée était qu'on devait à l'ad-
« judant général de Billy la vigoureuse défense de la place de Nantes et la
« conservation de cette ville importante. J'ai eu occasion de voir souvent le
« citoyen de Billy et, dans les rapports très fréquens et très intimes que j'ai
« eus avec lui, je n'ai jamais découvert que les qualités qui doivent déter-
« miner l'estime des bons citoyens et qui peuvent obtenir la confiance du
« gouvernement.
          « A Paris, le 20 ventôse, l'an 5ᵉ de la République.
                              « *Signé* : ALQUIER,
(Archives de M. de Billy.)   « Membre du Conseil des Anciens. »
(2) Le 17 mai et le 2 septembre 1793 Grouchy adresse des lettres de félicitations à de Billy pour son zèle et ses aptitudes. (Archives de M. de Billy.)
(3) Le 12 du 2ᵉ mois de l'an II, Rossignol, commandant en chef l'armée
des Côtes, donne à de Billy la mission de réorganiser le parc d'artillerie de
Vitré. (Archives de M. de Billy.)

Ici se place un des plus beaux traits de sa vie [1].

Au plus fort de la Terreur, une mère et sa fille, appartenant à la noblesse de Bretagne, après avoir erré d'asile en asile pour se soustraire à l'échafaud, viennent enfin chercher un dernier refuge auprès du jeune officier. Elles lui font connaître leur affreuse position et le conjurent de leur sauver la vie. Touché d'une telle confiance, ému de leurs larmes, de Billy oublie les dangers qu'il court lui-même en leur prêtant appui et ne songe qu'à assurer leur salut. Il les fait monter aussitôt dans un fourgon où il les cache entre deux matelas, puis il ordonne à un soldat de conduire cette voiture sur la lisière d'un bois. Il dit alors au conducteur de dételer les chevaux, prétextant la nécessité de les faire rafraîchir, et, tandis que celui-ci s'éloigne un moment pour exécuter cet ordre, il favorise la fuite des deux infortunées [2].

---

[1] Aucun document ne permet de faire des conjectures sur les personnes dont il s'agit, mais le fait est affirmé par l'aîné des Robert de Nancy (Archives de M. de Billy). Il est intéressant de rapporter ici l'appui prêté dans des circonstances identiques, par Marceau, qui fut l'ami de de Billy, à Mlle des Melliers. (Voir *F. S. Marceau*, par H. MAZE.)

[2] Le 18 frimaire an II, Dubois-Crancé appelle, à Paris, de Billy, de la part du Comité de Salut public (Archives de M. de Billy). L'ordre, n'ayant pas atteint à temps de Billy, ne fut pas renouvelé. Il s'agissait évidemment d'une dénonciation relative à l'incident rapporté par M. de Billy. A plusieurs reprises, de Billy n'hésita pas à défendre et réussit chaque fois à sauver, au péril de sa vie, soit ses amis injustement accusés, soit des étrangers dont le malheur avait touché son grand cœur. M. Robert, commissaire des guerres, raconte que de Billy sauva, dans des conditions analogues, M. Collinet de la Salle, commissaire ordonnateur, dénoncé comme aristocrate. A l'armée de Sambre-et-Meuse, de Billy prend la défense de son camarade l'adjudant général Bonami, accusé faussement de concussions et en obtient l'élargissement (Archives de M. de Billy, dossier K, plaidoyer pour Bonami). En 1797, Decaen éprouva aussi l'amitié de de Billy dans une circonstance dont il sera question plus loin, à propos d'Hohenlinden.

De Billy fit d'assez longs séjours à Rennes; il commanda même temporairement cette place, en pluviôse et ventôse de l'an II (¹).

C'est pendant qu'il s'y trouvait qu'il se lia d'amitié avec les généraux Kléber, Damas, Marceau, son ancien condisciple du collège de Chartres, avec le représentant du peuple Alquier, avec Pétiet, qui devint plus tard ministre de la guerre, et avec les deux frères Robert de Nancy, attachés alors à l'administration de la guerre.

De Billy abhorrait l'affreuse guerre à laquelle il se trouvait mêlé; mais, dévoué avant tout aux institutions de son pays, il gardait fidèlement le poste que le devoir lui avait assigné. Son désir de rester auprès des hommes auxquels il avait donné son affection, la crainte aussi de quitter l'artillerie, pour laquelle il se sentait une vocation passionnée, lui firent refuser plusieurs fois l'avancement qu'on lui offrit à cette époque.

Cependant, les fatigues incessantes de son service altérèrent sa robuste constitution; il tomba malade à Rennes et force lui fut d'abandonner l'armée des côtes le 16 novembre 1794 pour aller prendre quelque repos à Argenteuil, près Paris (²).

<hr>

(1) De Billy est nommé au commandement temporaire de Rennes le 25 pluviôse de l'an II (13 février 1794).

(2) Alquier, membre de la Convention, ami intime de de Billy, s'était employé à le tirer de la Vendée pour l'envoyer aux armées qui combattaient l'étranger. Pendant la durée de son congé de convalescence et en attendant le résultat des démarches d'Alquier, de Billy dut choisir une résidence en dehors de Paris, à Argenteuil. Il était défendu aux officiers supérieurs et

Cette retraite ne dura pas longtemps, car, dès le 10 décembre, il fut envoyé par le Comité de salut public à l'armée de la Moselle et du Rhin, où il assista au siège de Mayence en qualité d'adjudant général du parc de siège. Le 17 février 1795, il était adjudant général chef de brigade et chef d'état-major de Kléber, avec qui il passa ensuite à l'armée de Sambre-et-Meuse.

Nommé général de brigade au commencement d'avril, il retourna à l'armée du Rhin ; mais Kléber(²) lui ayant exprimé le regret d'être séparé de lui(³), de Billy refusa encore cet avancement pour aller reprendre à l'armée de Sambre-et-Meuse, comme il le dit lui-même dans une lettre à un de ses amis, ses fonctions de petit adjudant général(³).

---

généraux de séjourner à Paris et chaque fois que de Billy voulait voir son ami Alquier, ce dernier devait demander pour lui une permission de venir à Paris au Comité de salut public. (Lettres d'Alquier à de Billy, novembre et décembre 1794. Archives de M. de Billy.)

Le 13 ventôse an III, de Billy, qui a dû reprendre son service à l'armée de Rhin-et-Moselle, cette fois, avant la guérison d'une maladie dartreuse contractée en Vendée, écrit à la commission de l'organisation du mouvement des armées de terre pour demander à terminer son traitement. Mais, bien qu'ayant obtenu un sursis, il assiste au siège de Mayence. (Archives administratives, dépôt de la guerre.)

(1) Le 16 germinal an III (6 avril 1795), Kléber écrit au Comité de salut public pour demander à conserver de Billy comme chef d'état-major. Mais le Comité répond que le grade de général de brigade est incompatible avec les fonctions de chef d'état-major d'une division (Archives de M. de Billy). De Billy, lié par une vive amitié à Kléber et, comme on le verra plus loin, éprouvant le besoin de compléter ses connaissances générales en matière militaire, refuse le grade de général pour continuer, sous des chefs qu'il admire et qu'il aime particulièrement, à consolider les bases de sa philosophie militaire et à s'instruire au point de vue technique.

(2) Voir Chapitre II.

(3) En réalité, il revint à l'armée du Rhin, Kléber n'ayant pas encore obtenu de passer à l'armée de Sambre-et-Meuse ; voir Chapitre II.

Grentzenheim, le 8 messidor 3ᵉ année.

DEBILLY A SON AMI ROBERT

Tes lettres sont bien vagabondes, mon cher Robert. Je ne reçois qu'aujourd'hui celle que tu m'as écrite à Lahaye en date du 11 floréal. Tu traites d'expiègleries les grands principes que je te développois dans ma dernière, je vois clairement que tu n'es pas encore arrivé au faîte de la philosophie sur l'article en question, je te connois les meilleures dispositions pour nous devancer tous, il en est de toi comme de tous ceux qui abordent une science, les premiers éléments effraient et dégoutent, mais les esprits de la taille du tien ont bientôt laissé le rudiment loin derrière eux, et en peu de temps ils montent au plus haut degré des connoissances (¹).

A quoi te destines-tu maintenant ? Suis tu ta carrière des commissaires des guerres ? viens avec nous à l'armée de Sambre-et-Meuse, j'ai reçu hier l'ordre de la commission qui m'y appelle et je pars demain ; je l'avais quittée, il y a deux mois, pour revenir à celle du Rhin, il avoit plu au comité de salut public de me faire général de brigade à cette dernière, j'ai refusé et cours vite reprendre à l'autre mes fonctions de *petit adjudant-général*. Nous avons espoir que Damas suivra bientôt la même route. Kléber, qui est chargé de passer le Rhin, en a fait sa demande à Gillet (²).

Ne soyons donc pas autant de temps à nous donner de nos nouvelles réciproques, tu connois maintenant ma nouvelle adresse, viens nous y trouver de ta personne, l'opération en question est faite pour piquer la curiosité d'un amateur. Auguste et Damas te disent mille choses honnêtes, offre mes hommages à ton épouse.

Tu as suivi la bonne marche vis à vis de *Soulevas,* le der-

------

(1) Il s'agit de questions de philosophie militaire ; voir Chapitre V.
(2) Voir Chapitre II.

nier de ces messieurs ne vaut pas mieux que le premier, ils ont tous pillé la caisse à qui mieux mieux, je crois bien que la dénonciation faite contre toi à Petiet est restée sans effet ; tu sais peut être que le brave commissaire a été appelé pour être l'ordonnateur général de l'armée de Sambre-et-Meuse, je serai bien aise de l'y retrouver.

Ce sera peut être une raison pour toi de hâter ton départ.

Nous ne savons rien de la marche d'Alquier ; où est-il maintenant ? Si tu le sais il faut nous le dire, peut-être que sa présence à la Convention pourroit déterminer plus promptement le changement de Damas.

Salut amical.

DEBILLY.

À dater de cette époque, de Billy ne compta plus dans l'artillerie et continua ses services dans l'état-major et dans l'infanterie. Il fut attaché comme chef d'état-major à son ami Marceau, qui commandait les quatre divisions formant l'aile droite de l'armée de Sambre-et-Meuse, prit part au premier blocus d'Ehrenbreitstein, ainsi qu'aux laborieuses opérations sur le Hundsrück et se distingua dans la retraite qui suivit la malheureuse affaire de Messenheim (¹).

---

(1) Voici ce qu'écrivait le général Nalèche à propos de cette affaire de Meissenheim où il avait eu provisoirement sous ses ordres l'adjudant général de Billy qui commandait l'artillerie de la division (cette affaire sera étudiée en détail, plus loin, au chapitre du service d'état-major) :

« Je soussigné, général de brigade, certifie que feu le général Marceau, « commandant l'aile droite de l'armée de Sambre et Meuse, a constamment « confié et mis sous les ordres de l'adjudant général Debilly toute l'artillerie « de la division ; que, dans toutes les affaires qui ont eu lieu, notamment

Ces débuts mouvementés dans la vie militaire comportent de précieux enseignements que l'étude des documents mettra facilement en lumière.

« à la retraite de Meissenheim, le 17 frimaire an 4, l'adjudant général
« Debilly a donné des preuves d'expérience et de talents.

« Et qu'outre le courage qu'il a montré dans toutes les circonstances, il
« a manifesté un zèle et une intelligence qui caractérisent le bon militaire
« et lui ont valu l'amitié de ses supérieurs, du soldat et de ses camarades,

« En foi ai signé pour lui servir en cas de besoin.

« NALÈCHE (ª). »

(Archives de M. de Billy.)

(a) Nalèche (Gilbert, chevalier), général de brigade le 13 juin 1795.

CHAPITRE II

La carrière de de Billy, jusqu'au moment où il crut pouvoir accepter le grade de général, offre deux sujets distincts d'étude. Le premier peut servir de complément à l'historique du service d'état-major pendant les premières années de la Révolution. Dans sa magistrale étude [1], M. le lieutenant-colonel de Philip a présenté les grandes lignes de cet historique. Or, en suivant de Billy on pourra entrer dans le détail autant qu'il est possible de le faire à une époque très mouvementée où bien des points restent imprécis. On y fixera néanmoins certaines idées fondamentales qui se sont développées logiquement jusqu'à cette époque, en dépit des révolutions.

Le deuxième sujet est celui du fonctionnement du service ; nous nous réservons de traiter à part cette matière qui exige des développements particuliers. Pourtant, nous empiéterons, ici même, sur

---

[1] *Étude sur le service d'état-major pendant les guerres du premier Empire*, par le lieutenant-colonel DE PHILIP, breveté d'état-major. — Chapelot.

les documents qui s'y rapportent, mais seulement afin de bien mettre en lumière la personnalité de de Billy qui a réussi à s'abstraire entièrement dans un service toujours écrasant et qui n'a pas voulu, par scrupules d'amitié et de conscience, s'en retirer alors que tous ceux qu'il servait y avaient seulement passé comme à une étape nécessaire vers le haut commandement (1). Il est temps que ce dévouement soit consacré par l'Histoire. Il serait injuste aujourd'hui qu'on oubliât le rôle de de Billy dans les grandes actions de Kléber et de Marceau, alors qu'on y associe le nom de leurs aides de camp.

On a vu que de Billy avait été nommé adjudant d'artillerie au concours, puis, provisoirement, le 12 août 1792, adjudant général de l'artillerie de la garde nationale de Paris. Depuis le 29 octobre 1790 les maréchaux des logis et leurs aides, qui composaient l'état-major de l'armée royale, avaient été remplacés par des adjudants généraux (2) dans l'armée régulière ; la garde nationale avait suivi la même organisation et l'avait même rendue plus complète, momentanément, par la création de l'état-major de l'artillerie dont le conseil supérieur de la guerre en 1788 avait prévu l'utilité (3) et dont l'application avait déjà été faite, en réalité, dans l'ancienne armée,

---

(1) Presque toutes les célébrités militaires des armées de la République ou du premier empire avaient passé par les états-majors. (Lieutenant-colonel DE PHILIP, p. 11.)

(2) Loi promulguée par l'Assemblée législative.

(3) Archives historiques. Dépôt de la guerre.

par l'adjonction d'officiers de l'arme aux états-majors (¹). Dans ce service, la grande instruction de de Billy le mit de suite en évidence. Sa « tête mathématique », comme disait Heudelet, lui permettait de diriger avec une autorité remarquable l'artillerie au point de vue technique. Mais ce qui frappa surtout Labourdonnaye, ce fut sa facilité particulière à saisir une idée, à traiter une question dans le sens indiqué. En outre, doué d'une énergie, d'une puissance de travail peu communes, de Billy offrait toutes les qualités d'un chef d'état-major. Quoiqu'il appartînt à la garde nationale, il fut désigné à deux reprises (²) pour être chef d'état-major de Labourdonnaie, qui commandait en dernier lieu l'armée des Côtes. A ce moment d'ailleurs la confusion atteint tout ce qui est organisé et il devient impossible de suivre dans l'affectation aux emplois militaires une idée nette. Ainsi,

----

(1) Camps d'instruction de Richemont, de Metz. (Archives historiques. Dépôt de la guerre.)

(2) « D'après la demande faite au ministre de la guerre, par le général « Labourdonnaye, d'employer dans son armée des Côtes le citoyen Billy, « adjudant général de l'artillerie parisienne, et la permission du citoyen Saint-« Fief, chef de brigade, adjoint au ministre, dont le citoyen Billy est porteur, « nous, commandant général de la garde nationale parisienne, autorisons ce « citoyen à se rendre à Saint-Malo aux ordres du général Bourdonnaye, avec « les compagnies de canonniers volontaires parisiens pour y être chargé des « détails (ª) que le général lui confiera. Lui enjoignons particulièrement de « surveiller l'instruction de lesdites compagnies, leur état d'équipement et de « munitions et de nous en rendre compte.

« 18 mars 1793.

« *Le Commandant général, maréchal de camp,*
« SANTERRE. »

(a) La lettre de service qualifie bien de Billy chef d'état-major de Labourdonnaye. Dans toutes les affectations à l'emploi de chef d'état-major on retrouve cette expression « chargé des détails ».

tout en devenant chef d'état-major de l'armée des Côtes, de Billy restait chargé du commandement des compagnies d'artillerie de la garde nationale qui étaient envoyées à cette armée. Mais, si l'on ne peut expliquer que par un manque d'équilibre cette affectation d'un officier de la garde nationale à l'armée régulière, le fait de conserver à un officier d'état-major un commandement effectif de troupes se justifie par une idée dont la genèse se suit très facilement pendant les guerres de la Révolution, idée que Napoléon consacrera définitivement (¹), bien qu'il ne l'ait pas émise sous forme de règlement, à savoir que l'état-major ne doit pas être un corps fermé où des officiers se font une carrière, mais bien au contraire un corps alimenté constamment par des officiers distingués dans les troupes. Il n'y a pas d'officier d'état-major qui ne puisse être capable de prendre, à un moment donné, la direction d'une troupe en vue d'une action de guerre déterminée par le commandement. Voilà le principe admis implicitement par les législateurs de 1790 (²) et de 1791, appliqué par tous les généraux en chef dans le choix et dans la proposition des officiers d'état-major. Nous en verrons la preuve aussi bien dans la carrière de de Billy que dans celles de Ney, de Soult, de Saint-Cyr. Ce principe fécond et rationnel, puisque, d'après la loi, l'état-major devait fournir à l'armée ses

---

(1) Voir l'ouvrage précité de M. le lieutenant-colonel DE PHILIP.
(2) Loi du 29 octobre 1790 ; ordonnance du 1ᵉʳ juin 1791.

futurs généraux, fut compris dans le sens le plus large par tous ces hommes d'intelligence et de conscience supérieures et nous les verrons s'y reporter lorsque la marche vertigineuse de la guerre ou la progression de leurs faits d'armes les appelle à des grades élevés pour lesquels ils ne se sentent pas suffisamment préparés [1]. D'ailleurs, cette situation irrégulière ne dura pas longtemps pour de Billy. Il fut bientôt nommé adjoint dans les conditions de la loi du 21 février 1792 [2], puis adjudant général après un fait d'armes honorable, la défense de Nantes, où il commandait toute l'artillerie de l'armée des Côtes. Dès cette époque nous voyons dans sa correspondance et dans ses notes que l'officier d'artillerie fait place peu à peu à l'officier d'état-major. En dehors d'un service intensif, de Billy étudie avec ferveur tous les rouages et toutes les nécessités de la transmission et de l'exécution des ordres. Ce sont les travaux de Chamlay, de Puységur, de Ségur [3] qu'il annote et dont il fait des extraits. À chaque instant l'instruction technique lui fait défaut et il s'en aperçoit si bien qu'il apprend les règlements des deux autres armes dont il fait des résumés à son usage [4]. Mais, à cause des fatigues de la guerre et des missions diverses souvent bien

---

(1) Voir Chapitre III.

(2) Loi donnant l'organisation des états-majors des troupes en campagne (un adjudant général, adjoints en nombre variable).

(3) Le maréchal de Ségur, ministre de la guerre sous Louis XVI.

(4) Archives de M. de Billy.

incompatibles avec le service d'état-major, de Billy, très sévère pour lui-même, ne se croit pas encore apte à franchir les échelons supérieurs et, convaincu qu'il n'a pas encore suffisamment assimilé, refuse à plusieurs reprises l'avancement qu'on lui offre sous forme de commandements de régiments de cavalerie ou de demi-brigades. Quand on le presse, il affirme qu'il ne peut encore accepter un commandement de troupes que dans l'artillerie où il a pris son origine militaire ([1]).

Cependant, il travaille afin de rendre le plus de services à la patrie et de racheter la conduite « de tant d'hommes ignobles dans cette guerre impie ([2]) ». Les archives particulières d'officier d'état-major renferment tous les documents auxquels on pouvait se rapporter sur ce sujet, à cette époque. Un ordre parfait y règne et l'on peut y reconnaître l'établissement d'un manuel personnel pour le service de bureau, manuel qui n'existait pas encore et que Thiébault fit plus tard. Certes il eût bien appartenu à l'esprit méthodique de de Billy de régler le service d'état-major, mais si l'on songe que ses seules périodes de repos, depuis 1792 ([3]) jusqu'en 1799, où

([1]) Archives de M. de Billy. Dossier de la carrière militaire. Lettres de 1794.

([2]) Même référence.

([3]) Lettre de du Buisson ([a]) à de Billy, 1er germinal an II : « Moi qui « t'ai vu en huit mois faire vingt-neuf détachements à l'ennemi. » De Billy avait contracté une maladie dartreuse en Vendée.

([a]) Chef de brigade d'artillerie.

il fut promu général de brigade, furent deux reprises d'une maladie persistante, on ne s'étonnera pas que ce chef d'état-major par excellence n'ait pas eu le temps de coordonner ses notes et l'enregistrement des services exécutés. Mais on peut affirmer que telle était son intention, de même qu'il avait celle d'écrire ses mémoires. Les travaux qu'il fit plus tard à Anvers en font foi.

D'ailleurs, il est certainement possible de déduire des projets de travaux, du service courant enregistré, de la correspondance et des idées éparses sur le papier, la méthode générale conçue par de Billy pour l'exécution de son service. Cette question sera traitée dans la deuxième partie. Il n'existait, pour les grandes lignes, d'autres règles que celles qui sont formulées par l'ordonnance du 1ᵉʳ juin 1791 :

Ordonnance *du 1ᵉʳ juin 1791* [1]

Les fonctions des adjudans généraux devant réunir toutes celles qui étoient ci-devant attribuées aux chefs des trois états-majors de l'armée, ces officiers seront chargés, dans leurs divisions respectives, des objets ci-après, savoir :

Toutes les reconnoissances militaires,

La direction des travaux topographiques destinés à compléter le tableau des cartes de toutes les frontières de la République,

Les mémoires militaires relatifs au plan général des opérations de guerre défensive ou offensive,

Les reconnaissances ou opérations relatives à la limitation

---

[1] Ordonnance royale maintenue en vigueur.

des frontières et les mémoires qui pourroient y avoir rapport,

Détailler et faire passer aux différents corps de toutes armes les ordres des généraux,

Inspecter l'établissement des postes et des logemens,

Diriger les mouvements des troupes dans l'intérieur des divisions et conduire les colonnes,

Dans les manœuvres où le général de la division commandera en personne, les adjudans généraux feront passer les ordres relatifs aux différents projets du général, et donneront aux divers corps, d'après les circonstances du terrain, les indications nécessaires pour l'exécution des manœuvres.

. . . .

Comme il est nécessaire que les adjudans généraux prennent connaissance des approvisionnements de guerre et de bouche, des effets de campement, de la formation et dispersion des magasins des convois et autres objets d'administration générale, les commissaires ordonnateurs des guerres ou autres en faisant les fonctions donneront aux adjudans généraux, lorsqu'il leur sera ordonné de le faire par le général, communication de tous les objets indiqués ci-dessus, sans que pour cela les rapports directs et la reddition des dits commissaires des guerres aux généraux puissent être interrompus ; tous les ordres devant leur être donnés par le général ou par l'adjudant général au nom du général.

Les adjudans généraux recevront par les généraux commandant les divisions les ordres du gouvernement, relatifs aux reconnoissances militaires et travaux topographiques des frontières ; ils rendront compte aux dits commandans des divisions, du résultat de leurs travaux et leur remettront des cartes, plans et mémoires qui devront être immédiatement envoyés au gouvernement.

Les adjudans généraux ne communiqueront leurs travaux à aucune autre personne qu'au commandant de la division et il en sera de même des registres, livres d'ordres et journaux.

Les détails dont seront chargés les adjudans généraux exigeant de leur part une surveillance habituelle, des tenues de livres d'ordres et journaux, des transcriptions de mémoire, une correspondance active dans l'intérieur des divisions, ils sont autorisés à établir, dans leur résidence, un bureau composé de la manière suivante :

Dans les quinze divisions frontières maritimes ou continentales, le bureau sera composé d'un écrivain ou dessinateur et d'un sous-officier de chaque arme, et, dans les divisions de l'intérieur, il sera seulement attaché un écrivain ou dessinateur à l'adjudant général [1].

Pour les détails, chaque division, chaque armée avait une ou plusieurs méthodes ou souvent aucune et, même pour les bases générales, l'ordonnance de 1791 était insuffisante quant au service des chefs d'état-major, dont les fonctions prirent peu à peu plus d'extension [2]. De sorte que quelques chefs d'état-major organisèrent bien leur travail, mais beaucoup d'autres firent détester, par leurs mauvaises pratiques, un service qui n'occasionnait que des mécomptes [3].

De Billy fut de ceux qui firent aimer et estimer l'état-major. Ses chefs, aussi bien que ses subordonnés, en témoignèrent à plusieurs reprises. Et quels témoignages ! Ceux de Kléber, de Marceau, de Saint-Cyr, de Soult, à la gloire desquels il a contribué pour sa grande part d'ami et d'auxiliaire précieux.

Pendant toute la guerre de Vendée, la vie de l'ad-

____

(1) Extrait de l'ordonnance fait par le général de Billy. (Dossier II. Archives de M. de Billy.)

(2) Voir *Manuel du chef d'état-major*, par THIÉBAULT.

(3) Voir le *Mémoire du général Decaen sur la campagne de 1799 en Allemagne*. (Manuscrit des Archives départementales de Caen.)

judant général de Billy est une véritable odyssée.
Ballotté d'un état-major à l'autre, chargé de missions civiles et de missions de guerre, constamment
en route et constamment surchargé de travail, il
semble qu'on lui fit faire plus souvent le service
d'aide de camp que celui d'adjudant général. Il y
avait à cette époque, comme à celle de Valmy (¹),
pénurie d'officiers instruits et capables de remplir
un grand nombre de missions délicates, surtout pendant une guerre intestine. L'état-major de l'armée
des Côtes fut à plusieurs reprises si dégarni que le
général en chef dut faire lui-même le service de son
bureau (²).

Le service n'était pas moins difficile à assurer
dans les troupes, et les adjoints aux adjudants généraux étaient souvent forcés d'en prendre le commandement en l'absence de tout officier ou de tout
sous-officier capable. Le 7 messidor de l'an II, l'adjoint Morel écrit à de Billy la lettre suivante (³) :

---

(1) Voir *Mémoires de Dumouriez*, affaire de Valmy.

(2) « Armée des Côtes. Ordre du 6 mai 1793.

« Mots d'ordre : Scipion Troye. Mots de ralliement : Cheval de bois.

« Tous les commandants militaires sont prévenus que toutes les demandes
« qu'ils ont à faire concernant les corps qu'ils commandent doivent être faites
« par écrit. Toutes celles qui intéresseront le service seront signées des com-
« mandants et présentées au chef de l'état-major. Toutes celles qui intéresse-
« ront l'administration seront signées par le conseil d'administration et pré-
« sentées au commissaire général. Le général en chef se tiendra tous les jours,
« depuis midi jusqu'à une heure, au bureau de l'état-major pour recevoir
« toutes les demandes qu'on aura à lui faire.

« *Le Chef d'état-major,*
« VERGNES. »

(Archives de M. de Billy.)

(3) Archives de M. de Billy.

Citoyen, d'après les ordres du général Moulin (¹) les hommes des compagnies de la halle au blé de Brutus de Beaurepaire et des Quinze-Vingts sont partis hier matin de Rennes sous les ordres du capitaine Dancoy pour se rendre à Belle-Isle en mer où ils seront rejoints par ceux de Port-Malo et contre les chouans. J'ai de suite fait caserner le reste des canonniers logé chez l'habitant, au collège, j'y ai choisi une chambre que je me propose d'occuper, si vous le jugez bon, ou un sergent-major ou sergent qui ferait les fonctions d'adjudant sous-officier. Ce logement servirait pour donner les ordres et réunir les sergents-majors pour se rendre chez le commandant de l'artillerie.

Aucune des compagnies n'est encore prête à rendre ses comptes. Les capitaines et fourriers ne savent par quel bout s'y prendre, je leur ai indiqué la marche à suivre mais il faudrait que je leur serve de secrétaire et de vérificateur, mais mes occupations journalières s'y opposent et si je trouve un homme capable et de bonne volonté dans les sergents-majors ou sergents je le chargerai d'une partie du détail du service et alors cela ira plus vite. Rien de nouveau.

Votre adjoint,
Morel.

Chargé du commandement militaire de Rennes, par intérim, puis attaché à différents états-majors, il fut chargé dans plusieurs villes d'exercer les fonctions d'auditeur de la police correctionnelle (²). Ces fonctions provisoires durèrent quelquefois longtemps, la justice civile ne s'établissant définitivement que dans les régions complètement pacifiées, et deman-

---

(1) Moulin (Jean-François-Auguste, baron), général de brigade 17 septembre 1793 ; général de division 28 novembre 1793.

(2) Dossier de la carrière militaire. Archives de M. de Billy.

dèrent à de Billy un temps considérable. A différentes reprises, il eut à faire exécuter les réquisitions d'hommes, qui furent toujours pénibles, surtout dans cette contrée. De Billy fut choisi en raison de son tact et de son influence reconnue sur les hommes, qu'il traitait avec douceur (¹).

Ces fonctions du recrutement exécutées par des officiers d'état-major prouvent combien on attendait de services de ce corps où tout était désorganisé. Les ordres relatifs aux réquisitions étaient ainsi conçus :

ARMÉE DES COTES DE BREST

Incorporation des citoyens de première réquisition dans les anciens cadres en exécution de la loi du 2 frimaire.

Égalité — Liberté
Fraternité ou *la Mort*

Rennes, le 16 fructidor l'an second de la République française une et indivisible.

L'AGENT SUPÉRIEUR POUR L'INCORPORATION DES CITOYENS DE PREMIÈRE RÉQUISITION DANS L'ARMÉE DES CÔTES DE BREST, A L'ADJUDANT GÉNÉRAL BILLY.

Il est ordonné à l'adjudant général Billy de partir aujourd'hui de Rennes avec un adjoint pour se rendre à Vannes et Pontivi s'y occuper du travail de l'incorporation des citoyens de première réquisition dans les corps que je lui ai indiqués.

Le Général de brigade,
Signé : DAMAS.

Vu pour les fourrages aux lieux de son passage sur leurs bons particuliers.

Rennes, 17 fructidor, 2ᵉ année.

Pour le commissaire des guerres,
SIMONÉEN.

____

(1) Même référence. Lettres au général de Billy.

ARMÉE DES CÔTES DE BREST

Égalité — Liberté
Fraternité ou *la Mort*

Incorporation des citoyens de première réquisition dans les anciens cadres en exécution de la loi du 2 frimaire.

Rennes, le 10 brumaire l'an 3ᵉ de la République française une et indivisible.

L'AGENT SUPÉRIEUR POUR L'INCORPORATION DES CITOYENS DE PREMIÈRE RÉQUISITION DANS L'ARMÉE DES CÔTES DE BREST, A L'ADJUDANT GÉNÉRAL BILLY.

Je te préviens, citoyen, que la commission d'organisation et du mouvement des armées de terre par sa lettre en date du 15 vendémiaire m'a autorisé à t'employer comme agent secondaire pour l'incorporation des citoyens de première réquisition dans l'armée des Côtes de Brest. Tu voudras bien en conséquence te charger de toutes les opérations relatives à ce travail dans les départemens d'Ille-et-Villaine et de la Mayenne, conformément aux instructions jointes à l'exécution de la loi du 2 frimaire an 2ᵉ de la République que je t'adresse. Tu voudras bien t'entendre avec l'adjudant général Chamberting qui vient ici me remplacer dans les fonctions d'agent supérieur pour l'achèvement de ce travail.

Salut et fraternité.

Le Général de brigade,
DAMAS.

Le service des approvisionnements dut aussi être souvent confié aux officiers d'état-major (¹), les four-

---

(1)   ARMÉE DES CÔTES DE BREST

Égalité — Liberté

RÉPUBLIQUE FRANÇAISE UNE ET INDIVISIBLE

ÉTAT-MAJOR GÉNÉRAL

Au quartier général de Rennes, le 8 vendémiaire l'an 3ᵉ de la République française une et indivisible.

MOULIN, GÉNÉRAL EN CHEF DE L'ARMÉE DES CÔTES DE BREST, A L'ADJUDANT GÉNÉRAL BILLY

« Tu voudras bien te rendre au Port-Malo, mon camarade, pour faire

nisseurs manquant de personnel et n'étant presque
jamais à la hauteur de leur tâche. Les efforts de
de Billy ne suffirent pas toujours à réchauffer leur
zèle ; mais, dès la Vendée, il sut se créer, auprès
d'eux, une renommée qui lui fait le plus grand honneur. Les administrations cherchèrent à le « tuer »,
comme elles avaient voulu tuer Bonami. C'est assez
dire qu'elles avaient éprouvé sa grande intégrité et
son horreur des compromissions, qui se traduisaient
couramment par la détresse la plus affreuse des
armées et les puissantes fortunes des traitants.

On a vu comment, accablé par la maladie et le
chagrin, de Billy avait réussi à passer à l'armée de
Rhin-et-Moselle (¹). Il y retrouva son ami Kléber
qui lui aussi avait l'âme attristée par le spectacle
de l'inertie et de l'incapacité d'un gouvernement (²)
qui ne savait ni prendre une décision ni maintenir
l'organisation de ses armées.

Après les épreuves de l'hiver de 1794, les armées
françaises, réparties depuis la Hollande jusqu'à
Strasbourg (³), se trouvaient dans une situation

« débarquer les munitions et effets d'artillerie de la 2ᵉ division qui peuvent
« avoir souffert à bord des bâtiments ; tu les visiteras avec le plus grand
« soin et tu t'assureras parfaitement de leur état ; tu les feras déposer pro-
« visoirement dans l'arsenal de Port-Malo, et tu me feras savoir dans quel état
« tu les auras trouvés.
  « Salut et fraternité.

                                        « *Signé :* MOULIN. »

(1) Voir Additions.

(2) Voir THIERS, t. VII, *Révolution française*, p. 254, éd. 1857.

(3) Moreau en Hollande, Jourdan à Cologne, Pichegru de Mayence à
Strasbourg.

Les alliés, après s'être avancés sur le Rhin vers Trèves (Möllendorf) et

lamentable. Partout la désertion et la disette. Pas d'ordres ou bien des ordres ridicules presque aussitôt rapportés.

Il fallait l'énergie de Kléber pour tenir au milieu de ces troupes qui fondaient dans les ténèbres que la Convention et le Comité semblaient prendre à tâche de créer autour de la situation militaire (¹). On voulut lui imposer de prendre Mayence sous prétexte que Custine s'en était facilement emparé en 1792. Kléber, après avoir pris connaissance des moyens qu'on mettait à sa disposition, répondit franchement que c'était une folie (²), et il exposa le plan qui fut suivi au mois de juillet 1795 (³). Néanmoins, il obéit, persuadé d'avance qu'il faudrait bientôt renoncer au succès, mais, pour avoir le plus de chances en sa faveur, il appela de Billy pour organiser d'abord son parc de siège. Il savait ce qu'avait obtenu son ami, en Vendée, avec l'artillerie de la garde nationale et il savait aussi qu'il ne trouverait nulle part plus d'expérience ni de dévouement. Mais on manquait de tout : chevaux, fourrages, vivres, hommes même. De Billy, malade encore, se multiplie.

Kaiserslautern (Hohenlohe), avaient remporté un avantage marqué sur la gauche de l'armée du Rhin, mais ils avaient repassé le Rhin au moment où l'on s'y attendait le moins.

(1) Voir le récit des souffrances de l' « armée devant Mayence » dans le tome II des *Mémoires du maréchal de Gouvion Saint-Cyr sur les campagnes de l'armée du Rhin,* chap. II.

(2) JOMINI, tome 7, *Histoire des guerres de la Révolution,* p. 53. Éd. 1821.

(3) Voir plus loin, passage du Rhin.

En un mois il crée, de toutes pièces, un parc, dote
chaque attaque de batteries et de moyens de réserve, et se fait ingénieur autant qu'artilleur, puis,
modestement, vient prendre auprès de Kléber l'emploi de chef d'état-major.

Mais, au mois d'avril, de Billy est nommé général de brigade. Kléber le lui annonce, le 5 floréal,
de Strasbourg :

LE GÉNÉRAL DE DIVISION KLÉBER AU GÉNÉRAL DE BRIGADE BILLY

Je viens de voir dans l'organisation des armées que vous
étiez promu, mon cher Billy, au grade de général de brigade
et employé à l'armée du Rhin ; ainsi nous voilà encore une fois
séparés l'un de l'autre, ce qui est cause que je ne vous félicite
pas avec autant d'ardeur que je l'eusse fait sans cela. Je
compte passer encore une quinzaine de jours dans ce pays,
ensuite je retournerai bien positivement à l'armée de Sambre-
et-Meuse (¹). Vous m'obligeriez essentiellement si jusque-là
vous restiez à Alsey à la tête de mes affaires auxquelles je
vous prie de donner souvent le coup d'œil du maître. Merlin
de Thionville ainsi que le représentant Richaux viennent d'arriver ; moi je suis ici depuis hier, j'ai fait une reconnaissance
dans le haut Rhin et ai passé ainsi très rapidement à travers
ma famille et mes amis.

Adieu, mon cher Billy, ne doutez jamais de mon bien sincère attachement pour vous malgré le coup de génie humain
que nous vous avons vu faire au moment de votre départ de

---

(1) Désespérant du succès, Kléber avait demandé de passer à l'armée de
Sambre-et-Meuse. Il n'obtint gain de cause qu'à la fin de juillet. Il était en
avril à Strasbourg, en congé de convalescence ; le 10 mars, il avait obtenu
le commandement de l'armée de Sambre-et-Meuse, mais, six semaines plus
tard, Merlin le fait rappeler à l'armée du Rhin. (Archives administratives.
Dépôt de la guerre.)

Strasbourg et dans ma cour et au coin de la luïe, coup que nous avons dénommé, depuis, la fraie des grenouilles (²).

Salut et amitié.

KLÉBER.

On ne peut s'empêcher, en lisant cette lettre bien significative, de s'étonner qu'à l'heure actuelle on connaisse si peu le chef d'état-major dont Kléber faisait si grand cas (²). Bien souvent, il faut une grande énergie pour chercher à remonter le courant des enseignements établis sur des bases incomplètes ou édifiés avec des idées préconçues, et certes nous voyons aujourd'hui un grand nombre d'historiens militaires détruire de véritables légendes au moyen de la production de documents sans lesquels désormais les générations futures ne voudront plus faire de discussion ni de synthèse historique. Que d'erreurs peuvent se perpétuer, en effet, si l'on s'en tient aux pures affirmations de soi-disant historiens qui veulent avant tout le triomphe d'une thèse politique ou sociale ! Que de façons d'envisager les choses, si on ne les vérifie pas sur la précision des documents ! Encore, il est vrai, peut-on en envisager quelquefois diverses interprétations ; mais au moins le faisceau de renseignements est-il unique et peut-on s'y rapporter constamment !

---

(1) Il s'agit d'un fait intime. (Archives de M. de Billy.)

(2) De nombreuses annotations de M. de Billy et du secrétaire de M. Thiers prouvent que la plupart des documents autographes des archives de de Billy ont été communiqués à M. Thiers. Cet historien n'a mentionné qu'une seule fois le général de Billy, le jour de sa mort. (THIERS, t. XII, p. 145, éd. 1845.)

Cette vérité, qui paraît naïve, doit être le guide accoutumé de l'officier qui entreprend cette partie essentielle de son instruction technique, l'étude de l'histoire militaire ; car il est exposé à de continuels détours, même sur les terrains les mieux reconnus. Ce qui a pu être jusqu'ici article de foi historique en raison de l'autorité des sources pourra devenir quelquefois une simple appréciation et changera complètement l'orientation des études (¹).

Ici, nous ne rencontrerons pas de grosses difficultés, les documents sont explicites. Et, en fait, Kléber (²), qui avait, au plus haut degré, la connaissance des hommes et l'intuition des services qu'on pouvait en attendre, reconnut de Billy pour son second, à des titres bien plus élevés que n'importe lequel de ses aides de camp, dont le nom nous parvient à chaque instant. Sur le Rhin, de Billy devenait un auxiliaire d'une telle rareté qu'on s'explique l'âpreté avec laquelle on le demandait. On peut se rendre compte par là même pourquoi il ne fut malheureusement pas poussé à l'état-major général comme il aurait dû l'être par ceux qui l'employaient. Il était trop précieux pour qu'on voulût s'en dessaisir, trop modeste et trop attaché à ses amis, qui

---

(1) Voir la brochure *A propos de l'armée de réserve*, extraite du *Journal des sciences militaires* (décembre 1899 et janvier 1900). Voir la préface de 1796, par Bouvier.

(2) Kléber fut remplacé temporairement, à deux reprises différentes, par le général Schaal, simple général de brigade ; mais ce dernier laissa de Billy continuer son service comme il le faisait avec Kléber. (Archives de M. de Billy.)

étaient ses chefs, pour demander des fonctions auxquelles d'autres étaient bien moins aptes de l'avis
d'un grand nombre de militaires de l'époque (¹). Sa-
chant à fond la langue allemande, de Billy était une
exception dans l'état-major. Il rédigeait les procla-
mations et s'entremettait dans toutes les relations
avec les autorités des pays conquis ou des armées
ennemies. Il tirait enfin un profit plus signalé que
tout autre des rapports du service des renseignements, pour lequel il avait des aptitudes particulières
et qu'on lui confiait toujours.

De Billy n'accepta pas le grade de général. Nous
verrons (²) qu'il voulait encore travailler suivant sa
doctrine ; en outre, il voyait la situation si noire sur
le Rhin qu'il désirait jusqu'au bout se donner à
l'œuvre entreprise. D'ailleurs, il aimait profondément Kléber et, comme Marceau, il comprenait
quels fruits il pouvait tirer de l'expérience de celui
qu'ils considéraient tous deux comme leur frère aîné
en matière de guerre (³). Il retourna auprès de
Kléber et tous deux continuèrent le siège commencé en attendant qu'on voulût bien les employer
à l'armée de Sambre-et-Meuse, où leurs efforts
eussent été plus utiles.

Pendant le siège, la pénurie des officiers de trou-

____

(1) Voir *Mémoires de Decaen*. (Manuscrit des archives départementales
de Caen.) Voir préface du *Manuel* de THIÉBAULT.

(2) Voir Chapitre V.

(3) Voir Général AMBERT : *Les Généraux de la République, Kléber,
Marceau*.

pes exigea à plusieurs reprises que le chef d'état-major lui-même prît certains commandements. Le plus intéressant est celui d'une brigade de flanc destinée, dans l'idée de Kléber, à tenir le terrain libre à la gauche des lignes d'attaque et à donner la main à l'armée de Jourdan (¹). Elle devait particulièrement faciliter l'entrée en ligne de la division Poncet, désignée par Jourdan, et qui fut placée en arrière de l'attaque de gauche (²). L'ordre du 6 au 7 prairial de l'armée d'investissement portait que l'adjudant général de Billy serait envoyé à l'attaque de gauche et chargé du commandement de la brigade de flanc composée des bataillons ci-après : 7ᵉ de la Haute-Saône, 1ᵉʳ du 103ᵉ régiment, 3ᵉ du Cantal et 2ᵉ du 8ᵉ régiment d'infanterie (³).

De Billy avait en outre le commandement des troupes d'artillerie des lignes de Gussenheim (⁴). Malheureusement, les opérations de cette brigade de flanc furent entravées par la disette et par le manque de fourrages (⁵). L'installation pour les trou-

---

(1) Archives de M. de Billy.

(2) Registre d'ordres du chef d'état-major. Archives de M. de Billy.

(3) Archives historiques. Dépôt de la guerre. Poncet (André), général de brigade 19 mars 1794 ; général de division 11 octobre 1794.

(4) Voir la carte, à la fin du volume. Jomini écrit Gunzenheim ; de Billy, Guntzenheim ; Gouvion Saint-Cyr, Gousenheim.

(5) Ordre du 3 au 4 prairial donnant extrait d'un arrêté du Comité de salut public du 19 germinal sur les mesures à prendre en raison de la pénurie des fourrages. (Archives de M. de Billy.)

Ordre du 3 au 6 prairial donnant extrait d'un arrêté du Comité de salut public du 24 germinal, relatif aux moyens d'assurer des subsistances aux défenseurs de la Patrie. (Archives nationales.)

pes d'artillerie fut pénible et le rayon d'action des troupes détachées resta très restreint ; si bien que la liaison devint très difficile avec les troupes de Marceau (¹), qui formaient la droite de l'armée de Sambre-et-Meuse. Quelques extraits du registre d'ordres et de la correspondance de de Billy montreront les difficultés du service à cette époque. Le manque d'instruction et quelquefois le manque d'intelligence chez certains chefs complique la tâche des chefs de corps et de l'état-major, qui ne peuvent avoir qu'à grand'peine les renseignements essentiels sur les troupes qu'ils commandent.

Ordre du 7 au 8 prairial, 3ᵉ année républicaine
(26 au 27 mai 1795).

Le capitaine commandant l'artillerie des lignes de Gandtzheim ira aujourd'hui prendre des renseignemens auprès du chef de bataillon Muquelet sur les maisons du village dans lesquelles on peut enlever des bois propres à construire des plates-formes. Il y fera prendre tous ceux dont il a besoin et fera de suite construire les plates-formes aux batteries qui en manquent.

Je l'invite à donner des ordres, pour que dorénavant l'état de situation de la troupe d'artillerie me soit remis à six heures du matin ; je ne l'ai pas encore reçu.

L'Adjudant général,
Signé : DEBILLY.

––––––––––

(1) La division Marceau avait son quartier général à Coblentz.

L'ADJUDANT GÉNÉRAL DE BILLY AU GÉNÉRAL DE DIVISION RENAULT[1]

(le 8 prairial an III)

On a surpris votre confiance, général, en exagérant ce que je demandois des officiers d'artillerie employés dans les lignes de Gundtzenheim.

Vous vous rappelerez peut-être que je vous dis bien que je voulois avoir, par jour le mouvement de toutes les troupes à mes ordres, et qu'au moins, trois fois dans le mois je désirois un état du matériel d'artillerie. Vous savez, général, que j'ai parfaitement le droit d'ordonner cette double disposition et vous en êtes même convenu hier. Le capitaine des canonniers du 3e bataillon de la République à qui je m'étois adressé pour l'obtenir a obéi pour son compte, mais un citoyen, lieutenant je crois au corps d'artillerie, a défendu aux sergents de son régiment qui commandoient quelques pièces dans mes lignes, de se conformer à mon ordre ; j'ai envoyé chercher ce matin cet officier, il m'a répondu avec impertinence qu'il n'avoit rien de commun avec moi. Vous devinez bien que j'ai su le réduire à une manière de parler plus respectueuse, et je l'ai forcé de se souvenir que pour être certain de ma besogne un jour d'affaire, il falloit que je fusse informé tous les jours s'il y avoit aux batteries le nombre de canonniers nécessaires et si les bouches à feu étoient approvisionnées suivant l'ordonnance. J'ai même le droit de faire ouvrir en ma présence caissons et coffrets pour m'assurer de l'état des munitions.

Cet officier s'est récrié sur un double emploi que j'allois

---

(1) Reneauld (Michel), général de division 13 juin 1795. — Ce général commandait l'attaque de gauche devant Mayence ; les deux autres attaques étaient commandées par Gouvion Saint-Cyr et Desaix. Kléber prit le commandement de ces troupes à deux reprises, mais ne fut pas porté sur les états de situation de l'armée de Pichegru (Archives historiques. Dépôt de la guerre), pas plus que son chef d'état-major. Quand il s'absenta, de Billy continua à être employé dans la division Reneauld ; sa solde lui fut payée sur états particuliers non compris dans les états de l'armée. (Archives de M. de Billy.)

lui donner, il n'entendoit pas que je ne voulois rien de lui
personnellement, mais que le capitaine de la batterie en
m'envoyant l'état de situation de sa troupe y joindroit celui
des 3 escouades du 7ᵉ régiment qui sont attachées à mes
pièces et qu'il devoit lever un ordre contradictoire au mien
qu'il s'étoit permis de donner à ses sergents. Il est du nombre
de ces hommes à qui il faut parler fortement pour en être
entendu. Je me croyois assez heureux pour avoir été conçu
de lui. Je ne voyois plus d'entraves à l'exécution de mes
ordres. Je vous avoue que je ne suis pas accoutumé à ce
qu'on aille donner auprès de mes chefs une fausse interpré-
tation à mes discours ; il me restera de ce citoyen l'idée qu'à
l'impertinence il joint le mensonge.

Enfin, pour en finir, général, je vous répète que je me suis
borné à exiger le mouvement de la troupe d'artillerie ;
comme on me donne celui de l'infanterie, et que quant
au matériel, je n'ai formé d'autre demande que celle d'en
connoître l'état trois fois dans le mois. Je ne croiois pas qu'il
s'avisât d'y faire aucun changement sans m'en prévenir. Par-
don, général, des tracasseries que vous a occasionné ce faux
rapport.

Salut et fraternité.

Signé : DEBILLY.

P.-S. — Je continuerai, demain, à me faire donner les
mouvemens exigés, à moins que vous n'en ordonniez autrement.

On s'aperçoit à chaque instant que les troupes
manquent de cohésion et de l'instruction de la place
d'exercices. Le général Reneauld cherche à y remé-
dier.

Ordre du 9 au 10 prairial an III.

Le général d'attaque ordonne qu'il soit fait tous les jours
de beau temps à 8 heures du matin, par les soins des chefs

de bataillons commandant la demi-brigade, une théorie pratique en exécutant les 2ᵉ, 3ᵉ, 4ᵉ et 5ᵉ parties du tir de l'école de bataillon ; chaque mouvement sera précédé d'une explication claire et précise par le chef.

Chaque chef commandant une demi-brigade choisira un terrain propre à y manœuvrer un bataillon et le plus à portée du camp de la demi-brigade, sur lequel il réunira tous les chefs officiers et sous-officiers de la demi-brigade sans exception et sans armes à feu, il fera former le cadre d'un bataillon composé de huit pelotons. Les pelotons à douze files sur un rang, à l'exception de celui du drapeau qui sera sur trois rangs. Il aura la plus grande attention que les serre-files soient placés et le bataillon formé suivant le règlement concernant l'exercice et les manœuvres. Les capitaines commanderont tour à tour les pelotons, à défaut des lieutenants. Ainsi de suite, et s'il n'y avoit pas assez de caporaux pour composer les pelotons, on les supléera par des volontaires.

Les bataillons prendront tous les jours les armes à 5 heures du soir, lorsque le temps le permettra, pour s'exercer devant le front de bandière, et exécuter par compagnie, l'école de pelotons et lorsqu'elles seront trop faibles par divisions ou même en ne formant qu'un peloton avec le demi-rang de droite et un deuxième avec le demi-rang de gauche.

Les compagnies de grenadiers, devant toujours être complètes, seront exercées par les capitaines qui leur feront exécuter de même l'école de pelotons.

Il sera formé une ou plusieurs classes par bataillons des volontaires les mieux instruits, lesquels seront exercés par des sous-officiers capables, sous la surveillance d'un ou plusieurs officiers, et à mesure qu'ils acquerreront assez d'instruction, ils entreront dans les pelotons.

Aucun officier supérieur, officier, sous-officier ne pourra être dispensé de se trouver à tous les exercices, les capitaines rendront compte aux chefs de bataillons commandant la demi-brigade et ces derniers aux généraux de division verbalement lorsqu'ils se trouveront sur le terrain, et par écrit s'ils ne s'y trouvent point.

A commencer du 10, tous les commandants de l'artillerie, de la ligne, tant de position que l'artillerie à cheval et des bataillons feront exercer les canonniers à la manœuvre du canon depuis 7 jusqu'à 9 heures du matin. Les commandants des différentes pièces auront surtout l'attention après avoir fait passer chaque canonnier aux différens postes, de leur donner les principes généraux du pointement et les distances auxquelles les différens calibres doivent tirer pour se procurer les plus grands succès, tant que pour le tir à boulets que pour celui à cartouches. Les capitaines commandant les compagnies d'artillerie à cheval, prendront pour cet exercice les pièces les plus à portée de leurs troupes, et feront avec leurs attelages les mouvemens et évolutions que le terrain pourra leur permettre et après la manœuvre, ils feront rentrer les pièces à leur première position.

Le général Renauld invite les généraux de brigade de surveiller l'exécution du présent ordre, de lui rendre compte des progrès de l'instruction, du zèle et de l'intelligence que les chefs y apporteront et de ceux qui sont les plus instruits dans les manœuvres.

Les chefs des corps enverront avec le rapport les états de besoin.

Pour essayer de se mettre en liaison avec la division Poncet, de Billy dut faire des détachements. Les ordres qui suivent les concernent, ainsi que les fractions chargées de continuer les travaux d'aménagement des lignes de Gussenheim.

Ordre du 10 prairial an III
(30 mai).

Le citoyen Frinquet, capitaine au 3ᵉ bataillon du Cantal, sera dès aujourd'hui chargé de la police du poste de Gundtzenheim. Il prendra auprès de son chef de bataillon, qui y remplissoit les fonctions de commandant temporaire, tous les renseignements nécessaires pour remplir sa mission. Il rendra compte directement à l'adjudant général de Billy de tous les évenemens qui pourraient arriver dans ce poste. C'est lui que regardera la distribution des logements aux militaires qui y sont envoyés. Il est autorisé à s'adjoindre en qualité d'interprète le citoyen Hatre, dans son bataillon, qui sait parler et écrire la langue allemande.

Signé : DEBILLLY.

Du 10 prairial 3ᵉ année républicaine.

AUX CHEFS DES QUATRE CORPS DÉTACHÉS

Je te prie, mon camarade, de me faire détailler compagnie par compagnie, y comprises celles des canonniers et grenadiers ; tu y porteras le nombre et la désignation des officiers et sous-officiers, la quantité de soldats présents sous les armes ; ceux en congé, aux hôpitaux, etc., avec le manque au complet.

Tu m'indiqueras au dos de combien d'hommes est comprise chaque école du soldat, de peloton, de bataillon, et tu y ajouteras une note générale de ce qui lui manque en effets d'habillement, armement et de petit équipement.

Signé : DEBILLY.

P.-S. — Instruis les officiers et sous-officiers des différentes manières dont ils doivent reconnaître les différentes rondes ou patrouilles qui se présentent à leurs postes. Les grand-gardes 1, 2, 3, 4 et 5 ne pourront dorénavant allumer leurs feux qu'au jour.

L'officier supérieur de jour étant en même temps celui de piquet, se tiendra le plus habituellement au poste n° 3. C'est là que lui seront adressés les ordres qui pourront le concerner. Il sera aussi plus à portée de diriger tous les postes conformément aux mouvements que tenteroit l'ennemi. Le colonel Bourcette, remplissant les fonctions de chef de brigade, lui fera passer là le mot d'ordre, et lui-même le distribuera de suite aux gardes de sa droite et de sa gauche. Quelques-unes d'elles ne l'avoient pas reçu cette nuit à 11 heures. Il me rendra compte le matin des visites qu'il aura faites et des punitions qu'il auroit ordonnées s'il avoit trouvé des postes en faute.

J'espère que tu feras exécuter personnellement les instructions du général commandant l'attaque mises à l'ordre hier. et relatives soit à l'instruction des sous-officiers, soit aux manœuvres de ton bataillon.

Signé : Debilly.

Du 10 prairial 3e année républicaine.

A UN OFFICIER D'ARTILLERIE

Le général Reneauld, citoyen, m'a ordonné de faire construire des plate-formes dans la redoute à droite de Gundtzenheim ; j'ai fait couper des lambourdes dans quelques maisons de ce poste à moitié abattues. Elles sont prêtes à être employées ; je présume qu'elles sont destinées à la double batterie sur le cavalier dans la gauche de la redoute, mais j'ignore quelles pièces elles doivent porter ; vous le savez peut-être, et, par conséquent, c'est à vous qu'il appartient de diriger ce travail. Il n'attend plus que votre coup d'œil. Vous voudrez donc bien vous transporter aujourd'hui à la redoute et ordonner ce qui est à faire.

Un de vos officiers, le capitaine Bernard, que je crois à vos ordres, ne m'a point encore remis l'état de situation de son détachement ; il l'a refusé au capitaine du 3e de la 94e que j'ai chargé d'en composer un général, chaque jour, de tous les détachemens d'artillerie qui sont bivouaqués dans la redoute ; j'espère que vous lui direz aujourd'hui de se conformer à cette disposition.

Je me flatte aussi que vous avez corrigé la mauvaise distribution des escouades aux différentes pièces de la batterie.

Nous sommes convenus, avant-hier, que la même escouade serviroit les pièces voisines l'une de l'autre. C'est à vous à les disposer suivant leur ordre de bataille.

Signé : DEBILLY.

Du 11 prairial 3e année républicaine.

DE BILLY, COMMANDANT A GUNDTZENHEIM, AU CHEF DE BRIGADE BOURCETTE, COMMANDANT DU 7e BATAILLON DE LA HAUTE-SAONE.

Le chef du poste que tu viens de faire relever, mon camarade, restera à la garde du camp jusqu'à nouvel ordre. Le volontaire convaincu de vol sera dès aujourd'huy conduit dans les prisons de Fintern et dénoncé à l'officier de police militaire. Tu feras remettre entre les mains de ce dernier les effets volés que j'ai laissés en consigne au sergent de la nouvelle garde et qui te les donnera à la première occasion.

Salut et fraternité.

Signé : DEBILLY.

Ordre du 9 au 10 prairial an III.

DÉCRET DE LA CONVENTION NATIONALE

Les Représentans du peuple près les armées de terre et de mer et dans les départemens et les cas prévus par l'article 80 de la loi du 14 germinal, sur l'avancement militaire, conserveront seulement le droit de suspendre provisoirement de leurs fonctions les militaires qu'ils jugeront devoir l'être, à charge d'en rendre compte par lui, au comité de Salut public qui prononcera définitivement.

Tout fonctionnaire public, civil ou militaire, qui n'obéira pas sur-le-champ aux ordres du comité de Salut public ou des commissions exécutives, sera sur-le-champ destitué et mis en état d'arrestation. Dans le cas où ce retard aura compromis la chose publique, il sera traduit en tribunal compétent pour y être jugé.

Du 11 prairial 3e année républicaine.

L'ADJUDANT GÉNÉRAL DE BILLY AU CHEF DU 3e BATAILLON DU CANTAL

Conformément à l'ordre du général Reneauld, ton bataillon, mon camarade, partira demain à 4 heures du matin avec armes et bagages pour se rendre à Heïdesseim, où il recevra de nouveaux ordres.

À ton passage par Fintern, tu l'adresseras au citoyen Grillot, adjudant général, qui te fera délivrer les outils nécessaires pour la construction des baraques de ton bataillon dans son nouvel emplacement.

Salut et fraternité.

Signé : DEBILLY.

Du 12 prairial 3e année républicaine.

L'ADJUDANT GÉNÉRAL DEBILLY AU CHEF DU 8e RÉGIMENT D'INFANTERIE

Le bataillon à vos ordres, mon camarade, prendra demain matin jusqu'à nouvel ordre son rang de bataille dans les lignes de Gundtzheim, à la place du bataillon du Cantal. Sa droite sera appuyée à la gauche du 103e régiment, dont elle sera séparée par la traverse gabionnée que vous reconnoitrez aisément. Il étendra sa gauche de manière à couvrir le plus grand espace possible des retranchements en avant de lui.

Signé : DEBILLY.

Ordre du 10 au 11 prairial an III.

Dans le cas où le fourrage ne seroit pas arrivé et distribué à temps, les chefs des corps sont autorisés à faire aller au fourrage une certaine quantité d'hommes à cheval par compagnie pour couper du fourrage vert, soit dans les prairies,

soit dans les trèfles ; ils seront toujours conduits par des officiers et escortés par des patrouilles qui les empêcheront de
se débander et de faire des dégâts dans les blés, toujours
nuisibles aux habitants et préjudiciables à l'armée.

Les généraux de brigade feront indiquer autant que faire
se pourra les terrains à fourrager, pour éviter la concurrence
d'une attaque à l'autre, ils feront veiller par les officiers de
leur état-major respectif à ce que cette mesure n'ait lieu que
lorsque la nécessité la provoquera, et à ce que le fourrage ne
se fasse qu'à l'heure qu'ils indiqueront aux chefs de corps.

Ordre pour les corps détachés du   au   prairial an III.

Le 8ᵉ régiment d'infanterie étant rentré aux lignes de
Gundtznheim pour remplacer le 3ᵉ bataillon du Cantal, la
réserve sera à compter de demain   prairial formée par les
grenadiers des trois bataillons aux ordres de l'adjudant général de Billy.

A cet effet, ces trois compagnies seront jusqu'à nouvel
ordre détachées de leurs bataillons respectifs chaque fois
qu'ils prendront les armes. Elles seront alors commandées
par le plus ancien des trois capitaines.

Leur service journalier consistera :

1° Dans la garde du village de Gundtznheim où elles four-
niront trois postes, l'un à l'entrée du village, composé de :

    1 sergent,
    1 caporal,
    10 grenadiers.

Le deuxième à l'hôtel de ville, composé de la même manière.

Le troisième à la sortie du village, composé de :

    1 sergent,
    1 caporal,
    12 grenadiers.

Total : 3 sergents, 3 caporaux, 1 tambour, 32 grenadiers,
commandés par un officier qui aura la surveillance sur les
trois postes;

2° Une des trois compagnies sera alternativement de piquet pendant vingt-quatre heures et, en cette qualité, toujours prête à marcher. Au premier signal, elle se portera au lieu ordinaire de rassemblement du piquet, et son capitaine, dès qu'il sera rendu sur le terrain, enverra prendre les ordres de l'officier supérieur du jour qui se tient plus habituellement à la grande garde n° 3 ;

3° Leur place de bataille, à moins qu'il n'en soit ordonné autrement, sera sur le flanc gauche du village, sa droite dirigée vers le village même, sa gauche vers une éminence sur laquelle on construit une redoute ; leur rang entre elles sera provisoirement le même que celui de leurs bataillons respectifs.

Le chef de brigade Bourcette, chargé de faire commander le service dans les trois corps détachés, le sera aussi de la répartition de celui des trois compagnies de grenadiers.

Hors de la prise d'armes, elles continueront à être sous la police immédiate de leurs chefs, et iront aux distributions avec les autres compagnies de leurs bataillons respectifs.

Tous les postes fournis par les corps détachés, savoir les grand'gardes n°s 1, 2, 3, 4 et 5, les petites gardes de ces derniers ainsi que le poste de la redoute de Gundtznheim, et le petit qu'il fournit en avant de lui et les gardes de police de chaque camp seront composés en total de 6 officiers, dont 1 dans la redoute, servant en même temps à la garde de police du 103ᵉ régiment ; il sera toujours pris dans ce corps :

1 pour les deux grand'gardes n°s 1 et 2,

1 pour celle n° 3,

1 pour les grand'gardes n°s 4 et 5,

2 pour la police des deux camps du 8ᵉ d'infanterie et de la Haute-Saône,

8 sergents répartis entre les huit postes, savoir : la redoute, les cinq grand'gardes, et les deux gardes de police du 8ᵉ d'infanterie et de la Haute-Saône (celui de la redoute sera toujours pris dans le 103ᵉ),

13 caporaux dont 2 pour la redoute et son avancée, tou-

jours pris dans le 103ᵉ. 5 pour les cinq grand'gardes, 2 pour
les petites gardes des grandes nᵒˢ 4 et 5. Enfin, 4 pour les
deux gardes de police et de camp, du 8ᵉ d'infanterie et du
7ᵉ de la Haute-Saône,

6 tambours répartis entre les postes où il monte des officiers,

228 volontaires, dont 90 fournis par le 103ᵉ régiment,

590 par le 7ᵉ bataillon de la Haute-Saône,

796 par le 8ᵉ régiment.

Les 31 volontaires pour la redoute de Gundtznheim et son
avancée seront toujours pris sur le 103ᵉ régiment.

Dans le nombre des hommes ci-dessus à fournir par les
deux autres bataillons sont compris les 24 volontaires dont
chacun composera sa garde de police et de camp, savoir :
18 à la garde de police, et 6 commandés par un caporal pour
la garde du camp.

Les postes qui rouleront sans distinction sur tous les corps
sont :

Le premier poste du plateau où il montera 1 capitaine,
1 sergent, 1 caporal, 1 tambour et 20 fusiliers ;

Le deuxième du plateau où il montera 1 sergent, 1 caporal
et 15 fusiliers, surveillés par l'officier du poste nᵒ 1 ;

Le troisième du plateau où il montera 1 lieutenant ou sous-
lieutenant, 1 sergent, 1 caporal, 1 tambour et 20 fusiliers ;

Le quatrième poste du plateau où il montera 1 capitaine,
1 sergent, 2 caporaux, 1 tambour et 25 fusiliers. Cette grand'-
garde en détachera une petite en avant d'elle composée de
1 caporal et 5 fusiliers,

Le cinquième poste du plateau où il montera 1 sergent,
2 caporaux et 25 fusiliers. Cette garde, aux ordres de l'officier du poste nᵒ 4, détachera une petite garde en avant d'elle
commandée par 1 caporal et 5 fusiliers.

Les sentinelles de jour et de nuit resteront comme elles
ont été établies jusqu'à ce jour. Chaque petite garde en
fournira une en avant d'elle.

C'était une rude école pour les officiers d'état-major que cette campagne perpétuelle où ils devaient,
tout en s'instruisant, assumer souvent les responsabilités du commandement et où une sanction plus
ou moins justifiée venait à chaque instant interrompre leurs travaux. Mais avec quel entrain pourtant ne les voyons-nous pas mettre toute leur énergie au service de la patrie, parmi les dangers que
leur offraient à la fois l'ennemi et les dénonciations
venues de l'intérieur! Cette génération sublime,
exubérante de courage, nous trace une ligne de
conduite bien nette et nous montre comment les
caractères se trempent dans l'amour du travail et le
sentiment du devoir.

CHAPITRE III

Au mois de juin 1795, de Billy est désigné pour
servir comme chef d'état-major de Marceau à l'armée de Sambre-et-Meuse ([1]). Cette fois, il se sépare
de Kléber. Ce sacrifice est fait d'un commun accord,
et nous en trouvons la raison dans la correspondance de de Billy. Kléber doit bien passer aussi
à cette armée, comme il l'a demandé, mais il est

---

[1] Strolz, aide de camp de Kléber, écrit à de Billy, le 28 messidor :

« Le sort est jeté, il paraît que nous ne serons plus réunis. C'est une
« privation pour moi, mon ami, mais votre satisfaction, votre bonheur l'al-
« légera. J'ai fait passer il y a huit jours à Damas sa lettre de service ; il
« est destiné par le comité à servir particulièrement sous Kléber.

« Ne vous serait-il pas possible d'analyser succinctement ce que vous
« avez laissé dans les affaires du général ? Plus d'une fois j'avais commencé
« à réunir vos cartes et tout ce que je présume vous appartenir ; mais vous
« savez que Kléber aime assez dire : « Ceci m'appartient. » Une note de
« vos affaires lèvera toute difficulté....

« Tous vos amis, c'est-à-dire tous les officiers de l'état-major qui vous
« connaissent, se rappellent à votre souvenir et vous saluent ; ils sont,
« ainsi que moi, vivement affectés de notre séparation. *Vale tu quoque.*
« Kléber me charge de vous dire bien des choses, il aurait été fort aise de
« vous voir et vous écrira sous peu.

« STROLZ. »

(Archives de M. de Billy.)

d'avance destiné au commandement des troupes de Mayence mises à la disposition de Jourdan. Marceau commande l'aile droite de Jourdan et fait le blocus d'Ehrenbreitstein ; il devra se tenir en communication avec les troupes de Mayence, et, dans la pensée de Kléber, de Billy sera plus à même que qui que ce soit d'exposer à Marceau ses idées sur la conduite des opérations et sur la meilleure manière de lier leurs efforts. Marceau a une foi profonde dans les talents de Kléber, et de Billy qui est leur ami intime à tous deux et dont ils connaissent le dévouement assurera de l'un à l'autre une liaison morale des plus précieuses. Kléber se considérait, d'ailleurs, toujours comme le guide affectueux de Marceau dont il avait dit une fois pour toutes en Vendée : « J'étais certain qu'il n'entreprendrait rien sans s'être concerté avec moi. Marceau était jeune, actif, plein d'intelligence et d'audace. Plus froid que lui, j'étais là pour le contenir [1]. » N'étant plus auprès de lui, il y envoyait de Billy.

De Billy assiste donc au blocus d'Ehrenbreitstein comme chef d'état-major de Marceau. Ses registres d'ordres et son mémoire historique offrent le plus grand intérêt, mais nous réservons cette période, qui réclame une discussion d'histoire et de politique générale, pour la deuxième partie de cet ouvrage, et nous considérerons ici la monographie de la division

---

[1] Journal de Kléber.

Marceau pendant ses opérations dans le Hundsrück, depuis la levée du blocus d'Ehrenbreitstein jusqu'à la trève. Ces opérations offrant une unité bien distincte sont fort instructives à étudier d'après les registres du chef d'état-major.

L'armée de Sambre-et-Meuse [1] qui était restée inactive pendant les mois de juin, juillet et août, en face de Clerfayt, avait passé le Rhin le 7 septembre et pris Düsseldorf [2]. Elle devait se porter sur le Mein, et, réunie à l'armée de Rhin-et-Moselle, offrir la bataille aux Autrichiens.

Pichegru avait pris Mannheim, le 22, et, après quelques désaccords entre les généraux en chef, Kléber avait été chargé du siège de Mayence. Mais Clerfayt ayant résolu de tourner l'armée de Sambre-et-Meuse par sa gauche, au-dessous de Düsseldorf, en violant la ligne de neutralité prussienne à laquelle elle s'appuyait, Jourdan se décida à la retraite [3], son armée se trouvant trop disséminée, et s'éloigna jusqu'à Düsseldorf, tandis que l'armée de Rhin-et-Moselle restait seule du 12 octobre au 12 novembre.

____

(1) Rhin-et-Moselle, 95,000 hommes sous Pichegru sur la rive gauche du Rhin, de Huningue à Bingen ; Sambre-et-Meuse (Jourdan), 97,000 hommes, de Bingen à Dusseldorf ; sur la rive droite, Wurmser, 90,000 hommes, de Bâle à Philippsbourg ; Clerfayt, 95,000 hommes, de Philippsbourg à Dusseldorf.

(2) Voir discussion du plan de campagne, tome II des *Mémoires sur les campagnes des armées du Rhin,* par M. le maréchal DE GOUVION SAINT-CYR, chap. III.

(3) Les troupes de Kléber, qui faisaient maintenant partie de l'armée de Sambre-et-Meuse, suivirent le mouvement de retraite et affaiblirent la garnison des lignes de Mayence, qui fut bientôt attaquée.

Cependant, Jourdan fit faire une diversion dans le Hundsrück par la division Marceau, renforcée de la division Poncet, lorsque Clerfayt se fut rabattu sur les troupes de Mayence. Cette diversion qui inquiéta fort Clerfayt [1] ne suffit pourtant pas à dégager l'armée de Rhin-et-Moselle, et il fallut que Jourdan, après avoir rassemblé ses troupes, se portât sur la Nahe, tandis que Marceau lui préparait la marche. Le corps Marceau fut donc tout d'abord détachement destiné à relier la droite de Jourdan et les troupes de Pichegru, puis devint avant-garde [2] de toute l'armée de Sambre-et-Meuse; enfin, lorsque cette armée se fut avancée, le corps Marceau dut faire, vers la Sarre et la Moselle, des mouvements simulés ayant pour but de tromper l'ennemi et de l'attirer pendant que Jourdan se mettrait en mesure de frapper un grand coup dans les environs de la Nahe et vers Mayence [3]. Le récit de cette campagne dramatique a été fait d'une façon impressionnante par l'historien de Marceau [4]. Les souffrances de ce petit corps jeté en pointe dans un pays affreux, au milieu de l'hiver, sont terribles. Marceau sent plus d'une fois son courage l'abandonner, ses soldats se mutinent,

---

[1] Comptes rendus des espions. Archives de M. de Billy. Pièces justificatives du tome II des *Mémoires de Gouvion Saint-Cyr.*

[2] Lettre de M. de Billy à Treilhard, 1er frimaire an IV. (Archives de M. de Billy.) Ordres de l'armée. (Archives historiques. Dépôt de la guerre.)

[3] Le Directoire exécutif au général Jourdan. (Archives historiques. Dépôt de la Guerre. 12 frimaire an IV.) Archives nationales AF III.

[4] V. *Le général F.-S. Marceau, sa vie, sa correspondance,* par Hippolyte MAZE, sénateur. 1889. Martin.

ARMÉE DE SAMBRE-ET-MEUSE.

3e c. d. de cavalerie.

MARCEAU, général de division, n° 5.
Nomar, aide de camp.
Deschamps, aide de camp.
m. Huet, adjudant général chef de l'état-major.
Sercovitz, adjoint.
Senier, adjoint.

Nathons, général de brigade.
Michaux, aide de camp.

Dautin, général de brigade.
Melin, aide de camp.

Oswald, général de cavalerie.
Kains, adjudant général, chef d'état-major.

Sennaretz, général de brigade.
Weiss, aide de camp.

Poncet, général de division, n° 6.
Nont, aide de camp.
Lsocoame, aide de camp.
Sarrazin, adjudant général, chef de l'état-major.
Arty, adjoint.
Hackem, adjudant général.

ÉTAT DÉCADAIRE DE LA SITUATION DES TROUPES EN CAVALERIE ET INFANTERIE SOUS LES ORDRES DU GÉNÉRAL MARCEAU COMMANDANT L'AVANT-GARDE.

Noms des généraux		Infanterie		Cavalerie		Artillerie				Total général des bouche-à-feu	Total général des hommes présents sous les armes	Noms des corps	Force active en				
de division	de brigade	Bataillons	Présents sous les armes	Régiments	Présents sous les armes	Désignation de la monte	Présents sous les armes	Bouches à feu	Leurs calibres				Infanterie	Cavalerie	Artillerie	Bouches à feu	Calibres
MARCEAU	Nathons	1re compagnie, grenadiers du 19e régiment	71	2e régiment d'hussards	523	2e compagnie, 4e régiment	64	4	8			1re compagnie, grenadiers du 19e régiment					
		2e bataillon de la 21e demi-brigade légère	414			Artillerie légère			6			31e division, gendarmerie nationale					
		31e division de gendarmerie nationale	557	4e —	455	1re — 6e —	37	2	6			3e bataillon, 21e demi-brigade légère					
		21e demi-brigade légère { 1er bataillon	280			Artillerie de position	118	—	12			9e demi-brigade légère					
		{ 2e	43?	11e de chasseurs	268	Réserve	69					24e					
		{ 3e	516			2e compagnie, sapeurs, 11e bataillon	89					49e					
		56e { 1er bataillon	515	12e —	308	24e demi-brigade { 1er bataillon	18	1	5			87e					
		{ 2e	603			{ 2e } cannoniers	15	1	5			Artillerie de position					
		{ 3e	578			{ 3e	18	1	5			Réserve					
		91e { 1er bataillon	557	6e de cavalerie	272	56e { 1er bataillon	10	1	5			Sapeurs					
		{ 2e	278			{ 2e } id.	6	1	5			2e compagnie, 4e régiment, artillerie légère			3	8	12
		{ 3e	227			{ 3e	10	1	5						1	11	8
		94e { 1er bataillon	181	8e —	348	91e { 1er bataillon	10	1	4			1re compagnie, 6e régiment, artillerie légère			1	1	6
	Dautin	{ 2e	504			{ 2e } id.	13	1	4						1	21	1
		{ 3e	298	10e —	386	{ 3e	11	1	4			2e régiment d'hussards					
		87e { 1er bataillon	558			87e { 1er bataillon	9	1	4			4e —					
		{ 2e	53?	13e —	300	{ 2e } id.	8	1	4			11e — de chasseurs					
		{ 3e	586			{ 3e	13	1	4			123e demi-brigade					
		50e { 1er bataillon	578			50e { 1er bataillon	13	1	4			172e					
		{ 2e	589			{ 2e } id.	13	1	4			113e					
		{ 3e	625			{ 3e	13	1	4			115e					
PONCET	Sennaretz	123e demi-brigade	550			123e demi-brigade	35	3	4			Artillerie de position					
		172e —	1008			172e —	27	3	4			1re compagnie, 3e régiment, légère					
		113e —	1005			113e —	27	3	4			12e régiment, chasseurs à cheval					
		115e —	1651			115e —	43	3	4			6e régiment, cavalerie					
						1re compagnie, 3e régiment, artillerie légère	82	2	6			8e —					
						Artillerie de position	45	1	12			10e —					
												13e —					
		Total	16070	Total	3114	Totaux	808	41		41	19008	Totaux	13070	3114	808	41	31

(1 pont et 1 ponton : le premier placé sur la Moselle à Mulheim; le deuxième à Trarbach.)

Le 3 frimaire 1795.

L'adjudant général, chef de l'état-major,

DE BILLY.

résents ous les irmes.	
5g3	
	Artillerie
455	
	Artilleric Réserve 2ᵉ comp[
5o8	24ᵉ den[

le général en chef lui-même, Jourdan, donne des preuves de défaillance. Que va-t-on devenir? Un terrible soupçon serre tous les cœurs; il y a de la trahison dans l'armée (¹), il y a de l'affolement et de l'incapacité dans le gouvernement! Que de fois les purs soldats de la patrie n'envient-ils pas les boulets qui enlèvent leurs compagnons (²)!

Eh bien! au milieu de ces épreuves c'est de Billy qui aide son jeune ami à relever son courage, c'est lui qui détourne les coups que lui destinent les révoltés (³), c'est lui sans cesse qui assure, par des efforts surhumains, le service rendu souvent presque impossible. C'est de Billy qui rappelle à Marceau les exemples donnés par « son grand frère » Kléber. Et l'humble chef d'état-major, satisfait du devoir accompli, se repose en établissant des propositions pour les aides de camp et pour ses adjoints (⁴)!

Le 31 octobre, le blocus d'Ehrenbreitstein ayant été levé, la division Marceau se mit en retraite avec l'ordre de couvrir Trèves, s'il en était encore temps, et en tout cas de tenir sur la Moselle (⁵).

Elle avait la composition indiquée au tableau ci-contre.

Les forces de l'armée impériale (Clerfayt) qui sont

---

(1) V. Gouvion Saint-Cyr, t. II. Allusion à la conduite de Pichegru.

(2) Lettre de Marceau à Jourdan, le 17 frimaire an IV (Archives historiques. Dépôt de la guerre). Une grande partie de ces lettres a été publiée par M. H. Maze dans la *Vie de Marceau.*

(3) Voir plus loin.

(4) Lettres de Marceau à de Billy.

(5) Ordre de Jourdan. Archives historiques. Dépôt de la guerre.

opposées au corps de Marceau sont d'environ 10 bataillons d'infanterie et 10 escadrons de cavalerie faisant partie du corps qui occupe le pays situé entre la Lahn et le Mayn (7,751 hommes) et d'environ 23 bataillons d'infanterie et 14 escadrons de cavalerie (15,472 hommes) faisant partie des corps avancés de Mayence (1).

Tout le pays à l'est de la Moselle est occupé par des forces supérieures. Il faut avant tout s'assurer le passage de la Moselle à Trarbach. Marceau s'y porte donc et charge de Billy de jeter un nouveau pont, car dans l'affolement de la retraite on a levé celui qui existait (2). — Puis, on se porte vers la Nahe pour s'emparer de Kirn (3). L'ennemi est à Stromberg. Marceau le culbute (4), le 10 novembre. Voici le récit de ce combat et la situation de la division Marceau, d'après le registre du chef d'état-major (5).

---

(1) Voir aux additions les bulletins de l'armée impériale, traduits par de Billy.

(2) Les ordres relatifs aux opérations qui précèdent l'affaire de Stromberg seront produits dans la deuxième partie, en même temps que ceux relatifs à la levée du blocus d'Ehrenbreitstein et à l'affaire du pont de Neuwied, où l'influence de Kléber se fit si puissamment sentir. (V. Gouvion Saint-Cyr, tome II. *Jomini, 1795.*)

(3) Kirn était le point désigné pour la jonction du corps de Marceau et de l'armée de Rhin-et-Moselle. Voir aux additions les ordres qui précèdent immédiatement l'affaire de Stromberg.

(4) V. lettre n° 93 de Kléber à Damas. Pièces justificatives du tome II des *Mémoires de Gouvion Saint-Cyr*, sur les campagnes des armées du Rhin. Kléber est à ce moment même à Bassenheim, occupant les camps de la Chartreuse, de Metternich, de Karlich et d'Andernach (au nord de Coblence).

(5) Le même jour, Clerfayt, ayant vu que Jourdan se laissait intimider

Du 23 brumaire (14 novembre) 4ᵉ année républicaine,

Rapport du 18 au 23 brumaire.

Le 18 brumaire, le général Schlacter (¹) passait aux ordres du général Marceau avec la 87ᵉ et la 172ᵉ demi-brigade (²), 2 escadrons du 3ᵉ régiment de chasseurs à cheval et la 1ʳᵉ compagnie du 3ᵉ régiment d'artillerie légère, s'est porté de Trarbach à Kirkberg (³), laissant au premier endroit le 1ᵉʳ bataillon de la 172ᵉ demi-brigade et dirigeant sur Mulheim le 2ᵉ bataillon.

Le général Daurier a levé son camp de Guemingen et est venu s'établir dans celui d'Argenthal (⁴) à la droite de la 24ᵉ demi-brigade.

Le chef de brigade Treillard, commandant les avant-postes, a jeté le 2ᵉ régiment d'hussards à la droite de l'armée depuis Kirn jusqu'à Guemingen exclusivement, le 11ᵉ régiment de chasseurs à cheval depuis *Datelbach* (⁵) jusqu'à Argenthal et au centre les deux escadrons du 3ᵉ et les six escadrons du 12ᵉ régiment de chasseurs à cheval.

Le 19, le général voulant s'emparer des gorges de Schurwald a ordonné sa marche sur quatre colonnes.

La première, celle de droite, commandée par le général Schlacletd, est partie de *Kirkberg* à 5 heures du matin et passant par Kolweiller (⁶) elle est revenue prendre position sur les hauteurs de *Eckweiller* (⁷), la droite au ruisseau de *Spon-*

---

par la démonstration faite sur sa gauche (v. p. 52), se précipita sur Pichegru et investit Mannheim, après avoir battu l'armée de Rhin-et-Moselle à Frankenthal.

(1) Schlacter, général de brigade le 20 septembre 1793.

(2) Ces troupes étaient à Trarbach et n'avaient pas pris part au blocus d'Ehrenbreitstein.

(3) Kirchberg, Kirgberg.

(4) Ariendall.

(5) Dietelbach.

(6) Ollweiler.

(7) Weiter.

heim ; sur son front le ruisseau de Arfeldt à cheval sur les routes qui débouchent de *Kreutznach.* Elle a reçu une pièce de 12 laissée par ordre à Guemingen. Sa marche avoit été éclairée par le 2ᵉ régiment d'hussards et le 3ᵉ bataillon de la 21ᵉ demi-brigade d'infanterie légère qui de Kirn et Thaun avoit poussé des partis sur *Montzingen, Martenstein, Sponheim, Walhausen,* etc..., où ils ont pris leurs cantonnemens.

La deuxième commandée par le général Daurier, le général Marceau s'y trouvant de sa personne, composée des 1ᵉʳ et 2ᵉ bataillons de la 9ᵉ demi-brigade d'infanterie légère, du 3ᵉ et 12ᵉ régiments de chasseurs, de la moitié de la compagnie du 3ᵉ régiment d'artillerie légère, de la 24ᵉ et 123ᵉ demi-brigades avec leurs pièces de canon et d'une pièce de 12 et 2 obusiers de l'artillerie de position est partie d'Argenthal à 7 heures du matin et s'est dirigée par la chaussée qui coupant le Sauhner-Wald aboutit à ce village.

Arrivée à *Dirembach* (¹) le général Marceau en a détaché le 2ᵉ bataillon d'infanterie légère qui s'est porté sur *Stromberg.*

A *Schômeberg* (²) il a formé du 1ᵉʳ bataillon de la garde, des deux escadrons du 3ᵉ et d'un escadron du 12ᵉ, d'une pièce de l'artillerie légère et du 1ᵉʳ bataillon de la 24ᵉ demi-brigade, une avant-garde aux ordres du chef de brigade Eirisch et l'a dirigée sur Windescheim (³) pour y tenir la plaine jusqu'à son arrivée avec injonctions de se lier par des partis avec le 2ᵉ régiment d'hussards sur sa droite. Le reste de la colonne a marché par Stromberg sur Windesheim où il a pris position sur les hauteurs en arrière du village.

La troisième commandée par le chef de brigade Treillard et composée du 3ᵉ bataillon de la 9ᵉ demi-brigade d'infanterie légère du 11ᵉ régiment de chasseurs à cheval, de la moitié de la 2ᵉ compagnie du 4ᵉ régiment d'artillerie légère et du 3ᵉ bataillon de la 26ᵉ demi-brigade rassemblée à *Rim-*

---

(1) Dierembach.
(2) Schonneberg.
(3) Winesheim.

bulen (¹), a repris le chemin des gorges de Stromberg, elle a
détaché une partie de son infanterie et de sa cavalerie par
Dietelbach et après avoir repoussé tous les avant-postes ennemis elle a vivement attaqué Stromberg de front, elle étoit
secondée par les troupes de Dietelbach et le 2ᵉ bataillon d'infanterie légère envoyé de Dierembach par le général Marceau.
L'ennemi, tourné par sa droite et par sa gauche, a évacué la
ville avec perte d'une vingtaine d'hommes ; celle de Treillard
ne montait qu'à 4 blessés dont 1 officier du 11ᵉ ; il est venu
dans la plaine du Windesheim se réunir à Eirisch après avoir
dirigé par sa gauche sur Weiller le 3ᵉ bataillon de la 26ᵉ,
deux de ses escadrons, une pièce de 8 et un obusier de l'artillerie légère.

La colonne de gauche conduite par le général Nalèche avoit
été rassemblée pendant la nuit à Mamebach et *Niderhim-*
bach (²) ; elle s'est mise en marche à 7 heures du matin pour
venir s'emparer des hauteurs de Weiller et du débouché qui
conduit à Buegen (³). Les avant-postes ennemis ont été brusquement chassés par elle et forcés à se replier jusque derrière
la gorge de Weiller ; le général Nalèche a pris position sur
les hauteurs et y a reçu les renforts de Treillard.

L'ennemi n'a rien tenté pendant la nuit ni dans la matinée
du 20, mais à 10 heures du matin il a fait sortir de Kreutz-
nack jusque sur les hauteurs qui commandent cette ville et la
plaine, quelques escadrons et bataillons qui ont insulté nos
grand'gardes. En même tems qu'une colonne d'infanterie de
Croates attaquoit le village de Roxen (⁴), le 1ᵉʳ bataillon de
la 9ᵉ demi-brigade d'infanterie légère y a fait bonne contenance, les Croates ont été repoussés avec perte et le village
est resté à son pouvoir.

Un escadron ennemi sur la gauche qui avoit osé descendre
du plateau a bientôt été forcé de s'y retirer abandonnant dans

-----

(1) Rheimbollen.
(2) Nieder-Hossenbach.
(3) Bouknau.
(4) Roxeim.

la plaine deux blessés dont l'un est mort un instant après sur le champ de bataille.

L'infanterie ennemie continuant toujours à grossir sur le plateau, le général Marceau fit appeler celle du camp à laquelle il avoit ordonné de prendre les armes ignorant encore si l'ennemi vouloit engager une affaire ou se borner à une reconnaissance ; elle est arrivée dans le meilleur ordre conduite par le général Daurier, elle s'est formée dans la plaine sur cinq colonnes et s'est préparée à l'attaque du plateau.

Le général avoit ordonné à sa cavalerie de se former sur son flanc gauche où l'ennemi venoit de présenter 2 régiments l'un de hussards de Blankenstein, l'autre des dragons de Cobourg.

L'artillerie légère s'était établie sur une hauteur presque au niveau avec celle que tenoit l'ennemi ; elle avoit en tête 3 pièces de l'ennemi dont une a été bientôt démontée. L'artillerie de position avoit choisi une seconde éminence plus à gauche d'où elle battoit à revers le chemin qui du plateau descend dans la plaine. L'escadron et une pièce de 8 continuoit à occuper la droite tant pour la couvrir que pour tenir en échec ce que l'ennemi auroit pu faire filer de nouveau sur Roxheim.

Enfin le général a ordonné la charge, celle de la cavalerie s'est faite avec ardeur, les deux régiments ennemis ont été culbutés jusqu'au pied de Kreutznach. L'infanterie, au pas de charge, est arrivée sur la crête du plateau et a achevé de mettre l'ennemi en déroute ; il a été poursuivi jusque dans la ville et écrasé par le feu d'une pièce de 8 et d'un obusier qui avoient suivi la cavalerie ; elle est entrée en ville avec lui et l'a chassé au-delà du pont lui enlevant une pièce de canon et son caisson.

2 bataillons d'infanterie qui en gardoient la tête ont seuls opposé de la résistance, le reste a repassé la Nauh (¹).

Le général a ordonné à un bataillon de la 24ᵉ demi-brigade de descendre à Kreutznach pour s'en rendre maître.

____

(1) Nahe.

L'ennemi a reçu son attaque avec fermeté ; deux fois nos troupes ont été repoussées, deux fois elles sont rentrées en ville ; une pièce de 4 du 3ᵉ bataillon de la 24ᵉ demi-brigade ayant eu le malheur de perdre une de ses roues et se trouvant par cet accident hors de combat, est restée entre les mains de l'ennemi. Son artillerie a mis un peu de désordre dans nos rangs, l'ennemi nous a reconduits jusqu'aux portes et a tenté une sortie, la cavalerie et l'artillerie qui attendoit l'ont bientôt ramené dans ses murs. Enfin le général a ordonné qu'on cessât le feu et sa division a bivouaqué sur le champ de bataille.

Il est resté à *Bretzeinheim,* sur la gauche, un corps assez considérable de cavalerie qui sur le soir s'est présenté en plaine ; 2 bataillons d'infanterie et 3 escadrons de cavalerie se sont offerts à lui en si bon ordre qu'ils l'ont tenu en échec.

Le général craignant cependant que l'ennemi ne profitât de ce point pendant la nuit pour jeter des troupes sur sa gauche qui n'étoit pas appuyée s'est déterminé à retirer son infanterie dans sa position de Windesheim ; elle a effectué son mouvement à 3 heures du matin laissant au camp qu'elle quittoit tous ses feux allumés, les grand'gardes se sont repliées une heure après et la cavalerie ainsi que l'artillerie légère ont continué à occuper la plaine entre Windesheim et la hauteur qui avait servi de champ de bataille.

Cette affaire qui a duré depuis 10 heures du matin jusqu'à la nuit coûte à l'ennemi 150 chevaux, près de 100 prisonniers dont 7 officiers y compris l'aide de camp du général Claezfaÿt et 400 hommes tant tués que blessés et une pièce de canon.

La division du général Marceau a perdu une pièce de canon, 14 hommes tués, 87 blessés et 17 prisonniers.

Les forces de l'ennemi étoient en cavalerie et en infanterie doubles de celles du général.

Le 21 l'ennemi a fait une reconnaissance dans laquelle il a montré des régiments de cavalerie et d'infanterie arrivés pendant la nuit. Le général Marceau, prévenu par des rapports qu'il entreroit à Kreutznach des troupes fraîches et se voyant dans un état d'infériorité trop marqué, s'est décidé à reprendre sa première position derrière le Sohnerwald.

Elle a commencé le 22 au matin sur 4 colonnes.

Le général Nalèche partant de Weiller s'est retiré à Rhinbullen avec le 3ᵉ bataillon de la 26ᵉ, le 3ᵉ bataillon de la 9ᵉ demi-brigade d'infanterie légère et 2 escadrons du 11ᵉ régiment de chasseurs avec une pièce de 8 d'artillerie légère.

Le général Daurier à la tête de la 123ᵉ demi-brigade s'est dirigé par Stromberg sur Dierenbach où il s'est réuni à la 24ᵉ demi-brigade qui avoit bivouaqué à Erckertfeld et était allé prendre position sur les hauteurs de Stromberg pour laisser arriver la cavalerie.

Toutes les troupes légères ont filé par les gorges à droite et à gauche et sont réunies à Erckertfeld.

Elles ont rejoint l'infanterie à Dierenbach et formant la gauche de la colonne elles ont pris avec elle la route d'Argenthal.

Le camp du général Schlacletd s'est retiré par Kölveiller (¹) sur Guemingen où il s'est établi dans la position occupée avant le départ par le général Daurier.

2 escadrons du 2ᵉ régiment d'hussards et le 3ᵉ bataillon de la 21ᵉ demi-brigade d'infanterie légère ont couvert sa retraite.

L'ennemi n'a poursuivi que la colonne de gauche, il est venu attaquer Stromberg où il était resté un demi-bataillon d'infanterie et un escadron de cavalerie. Ce poste très facile à tourner par l'ennemi n'ayant ordre de tenir qu'autant que les troupes n'y seroient pas compromises ; se voyant attaqué par des forces supérieures s'est replié jusqu'aux forges où il a laissé des grand'gardes.

L'armée est maintenant établie dans les campemens et cantonnemens suivants :

1ʳᵉ compagnie de grenadiers du 19ᵉ régiment à Simmeren.
31ᵉ division de gendarmerie nationale à Baccarah.

____

(1) Ollweiler.

9ᵉ demi - brigade d'infanterie légère . . ⎰ 1ᵉʳ bataillon dans les bois sur la route d'Argenthal et de Dierenbach.
2ᵉ bataillon aux forges sur la route de Stromberg, à Ellern et Rimbullen.
3ᵉ bataillon à Dietelbach et Maulbach.

24ᵉ demi - brigade d'infanterie légère . . ⎰ 1ᵉʳ bataillon ⎱ 2ᵉ bataillon ⎰ au camp d'Argenthal. 3ᵉ bataillon

26ᵉ demi - brigade d'infanterie légère . . ⎰ 1ᵉʳ bataillon ⎱ 2ᵉ bataillon ⎰ au camp de Rhinbullen. 3ᵉ bataillon

Le 3ᵉ bataillon de la 21ᵉ demi-brigade d'infanterie légère à Meingerscheids et Kalweiller.

123ᵉ demi - brigade d'infanterie légère . . ⎰ 1ᵉʳ bataillon ⎱ 2ᵉ bataillon ⎰ au camp d'Argenthal. 3ᵉ bataillon

87ᵉ demi - brigade d'infanterie légère . . ⎰ 1ᵉʳ bataillon ⎱ 2ᵉ bataillon ⎰ au camp de Guemingen. 3ᵉ bataillon

172ᵉ demi-brigade d'infanterie légère . . ⎰ 1ᵉʳ bataillon à Trarbach.
2ᵉ bataillon à Mulheim.
3ᵉ bataillon à Guemingen.

59ᵉ demi - brigade d'infanterie légère . . ⎰ 1ᵉʳ bataillon ⎱ 2ᵉ bataillon ⎰ au camp d'Argenthal. 3ᵉ bataillon

94ᵉ demi - brigade d'infanterie légère . . ⎰ 1ᵉʳ bataillon ⎱ 2ᵉ bataillon ⎰ au camp de Rhinbullen. 3ᵉ bataillon

Artillerie de position.

1 pièce de 12 à Guemingen.
1 pièce de 12 ⎱
2 obusiers ⎰ à Argenthal.
2 pièces de 12

Parc de réserve sur la route de Kirkberg à Simmeren.

2ᵉ compagnie du 11ᵉ bataillon de sapeurs dans le bois d'Argenthal.

4ᵉ régiment de chasseurs à Meingerscheildt, Sargloth et Diffenbach.

12ᵉ régiment de chasseurs à Holweiller, Holsbach et Resweiller (1).

2ᵉ régiment d'hussards à Schmitburg, Kelembach, Woppert, Kelweiller et Guemingen.

4ᵉ régiment d'hussards à Rhinbullen et Dietelbalch.

3ᵉ régiment de chasseurs à cheval à Argenthal et Ellern.

Artillerie légère, 1ʳᵉ compagnie, 3ᵉ régiment.

A Risweiller, 2 pièces de 8.
A Guemingen, 2 pièces de 8 et 2 obusiers.

Artillerie légère, 2ᵉ compagnie, 4ᵉ régiment.

A Rhinbullen, 1 pièce de 8 et 1 obusier.
A Ellern, 1 pièce de 8.
A Argenthal, 2 pièces de 8 et 1 obusier.

Signé : DEBILLY.

Après ce mouvement, Marceau reçoit de nouveau l'ordre de tenir sur la Moselle ou de se replier sur Luxembourg, s'il est forcé d'abandonner la ligne de la rivière. Mais son courage s'exalte au contact de Kléber avec qui il a une correspondance active, et dont l'inspiration puissante lui est transmise par le modeste chef d'état-major. Il est moins « malheureux (2) » depuis qu'il se sent ainsi soutenu, et il veut

---

(1) Olsbach et Reisweiler.

(2) A plusieurs reprises, Marceau avait été sur le point de se tuer, tant il prenait à cœur une mission presque surhumaine. Lettres à Kléber. (Voir *F.-S. Marceau*, par H. Maze.)

surmonter à tout prix l'ennemi, les rigueurs de l'hiver et la détresse où il se trouve.

Cette détresse est pourtant terrible, et à chaque pas on reçoit de mauvaises nouvelles de l'armée de Rhin-et-Moselle. Clerfayt, qui a porté son quartier général à l'ouest de Kreutznach, va être bientôt en mesure de déborder la droite du corps de Marceau. Il faut donc reculer pour assurer les débouchés de la Moselle, peut-être en vue d'une retraite définitive (¹). L'armée de Rhin-et-Moselle est encore à Kircheimbolanden !

Dans de telles circonstances, de Billy est seul avec Marceau (²). Ses adjoints et les aides de camp du général sont sans cesse en mouvement, car l'armée s'étend sur un front considérable, 10 ou 12 lieues, et tout le travail est fait souvent de la main même du chef d'état-major. La simple lecture des ordres qu'il transmet et qu'il donne, fixera sur son indomptable énergie. Chaque matin, Marceau donne ses ordres, souvent de vive voix à son chef d'état-major qui les note, quelquefois sur une feuille volante qu'on retrouve adjointe au registre d'ordres. L'ordre de Marceau sera produit ici, lorsqu'il entrera dans le détail des mouvements à exécuter. Ceci a lieu quand Marceau est séparé de son chef d'état-major.

____

(1) Lettre de Marceau à Jourdan, 20 brumaire an IV. (Archives historiques. Dépôt de la guerre.)

(2) Voir ci-après Lettre du 24 brumaire à Ernouf, chef d'état-major général.

En temps ordinaire, l'ordre se compose de deux ou trois lignes et est toujours reproduit en substance dans les ordres d'exécution de de Billy [1].

Il est à remarquer que tous les ordres donnés par le chef d'état-major sont signés de lui et qu'il est, en conséquence, responsable. Ceci est de la plus haute importance et montre bien la liaison qui existait entre les deux hommes. A cette époque, d'ailleurs, les chefs d'état-major ne signent jamais par ordre. Ils transmettent les ordres du général en chef aux parties intéressées, et, quand ils en ont l'autorisation, ils en donnent personnellement [2]. On verra de quelle nature étaient les ordres signés de Billy.

Il y eut quelques rares difficultés entre Marceau et de Billy à propos du service. Des lettres un peu vives de Marceau ont été publiées [3]. Il est essentiel qu'on sache bien que Marceau les regretta amèrement et chargea l'ami commun, Robert de Nancy [4], d'excuser auprès de de Billy sa jeunesse et sa fougue. On verra dans la deuxième partie [5] les réponses dignes et fermes qu'y fit le chef d'état-major. Cette correspondance a trait, en effet, aux opérations qui

---

[1] Les instructions générales de Marceau relativement à ce service sont celles que Kléber donnait à son chef d'état-major. Elles sont en partie reproduites dans les lettres de Marceau à de Billy publiées par la *Sabretache* (3o avril 1899).

[2] Ordres de l'armée de Sambre-et-Meuse, de Rhin-et-Moselle. Registres d'ordres et ordres de l'armée. (Archives historiques. Dépôt de la guerre.)

[3] *Carnet de la Sabretache*, 3o avril 1899.

[4] Archives de M. de Billy.

[5] Cette deuxième partie paraîtra ultérieurement.

eurent lieu à la reprise des hostilités, en 1796, et que nous étudierons jusqu'à la mort de Marceau. Mais nous y faisons allusion pour bien montrer le caractère pondéré et trempé de de Billy. Les ordres suivants sont donnés à la suite de l'affaire de Stromberg. Jourdan annonce à Marceau des renforts.

Du 24 brumaire (15 novembre) 4e année républicaine.

AU CAPITAINE VERNEREY

Étant, mon camarade, le plus ancien capitaine d'artillerie légère aux ordres du général Marceau, vous prendrez le commandement des deux compagnies. Vous enverrez copie de ma lettre à celui qui est à la tête de la 1re du 3e régiment d'artillerie à cheval.

Le chef de bataillon Seguin commande en chef toute l'artillerie des troupes confiées au général Marceau.

Salut et fraternité.

Signé : DEBILLY.

Du 24 brumaire 4e année républicaine.

AU GÉNÉRAL DAURIER

Le général Marceau désire, général, que vous fassiez partir sur-le-champ une de vos compagnies de grenadiers pour Simmeren, où elle tiendra garnison jusqu'à nouvel ordre.

Signé : DE BILLY.

Du 24 brumaire 4e année républicaine.

AU GÉNÉRAL DAURIER

Je vous renvoie, mon cher général, la demande des meuniers pour avoir des sauvegardes et l'invitation des commissaires des guerres à y faire droit.

Je vous prie d'envoyer ces sauvegardes dans le jour à la municipalité de Simmeren, qui les répartira suivant le domicile des meuniers. J'en préviens le bourgmestre.

Signé : DEBILLY,

Du 24 brumaire 4e année républicaine.

AU COMMANDANT MILITAIRE A TRÈVES

Le général Marceau informé, mon camarade, par le chef de l'état-major général, que des brigands se livrent à des pillages et des assassinats même entre Kaiseretch et Tuderat, vous ordonne d'envoyer sur cette route un détachemnt de 100 hommes commandés par un officier ferme et prudent qui sera chargé de purger le pays de tous ces coquins qui en compromettent la sécurité.

Cet officier vous rendra compte de ses opérations et vous m'en ferez part en m'envoyant vos états de situation.

Signé : DEBILLY.

Du 24 brumaire 4e année républicaine.

AU COMMISSAIRE DES GUERRES SEVRET

Le général Marceau, mon cher commissaire, vient d'ordonner une nouvelle répartition de ses troupes, je vous la communique de suite.

Le général de division Poncet a son quartier général établi à Kirkberg et commande 13 bataillons répartis dans les cantonnemens et campemens ci-après :

Aux ordres du général Schlacter :

Le 3e bataillon de la 21e demi-brigade d'infanterie légère ;

La 87e demi-brigade d'infanterie légère ;

Ces deux corps au camp de Woppert, entre Rhorback et Schmitbourg, à droite de Guemingen ;

La 172e demi-brigade dont :

Un bataillon au même camp,

Les deux autres à Traarback, Mulheim et Trèves aux ordres du général Daurier ;

La 59ᵉ et la 123ᵉ demi-brigade au camp de Guemingen, à chacun de ces deux camps la moitié de la première compagnie du 3ᵉ régiment d'artillerie légère.

Total : 13 bataillons.

Aux ordres du général   , le général Nalèche le remplaçant probablement jusqu'à nouvel ordre dans le commandement :

La 94ᵉ et la 24ᵉ à Argenthal ;

La 26ᵉ à Rhenbullen ;

La gendarmerie à Maumbach (¹), Nidéchinback, Duntelbach et les gorges de Stromberg ;

Le 9ᵉ d'infanterie légère depuis Argenthal jusqu'à Rhenbullen ;

Les 2ᵉ et 4ᵉ régiments d'hussards ;

Les 3ᵉ, 11ᵉ et 12ᵉ régiments de chasseurs depuis Kirn jusqu'à Duntelback.

Je vous ferai remettre un état de l'infanterie de ligne aussitôt que je l'aurai reçu tout entier.

Signé : DEBILLY.

Du 24 brumaire 4ᵉ année républicaine.

AU CHEF DE BATAILLON SEGUIN

Je donnerai des autorisations pour prendre des chevaux, mais autres que ceux des meuniers ; ils leur sont nécessaires pour alimenter l'armée.

Cependant un canonnier en a pris un ce matin au nommé Pierre Conrad, meunier à Okweiller; il le reconnaîtra, faites-le-lui rendre.

Signé : DEBILLY.

---

(1) Maunebach.

AU GÉNÉRAL DE DIVISION PONCET

La garde de l'ambulance établie à Kirkberg, général, étant prise sur une autre division que la vôtre, je vous prie de la renvoyer à son corps, et de commander dans vos troupes une nouvelle garde composée de 1 sergent, 2 caporaux et 20 fusiliers.

Signé : DE BILLY.

Du 24 brumaire 4e année républicaine.

AU GÉNÉRAL DE BRIGADE DAURIER

Le général Marceau ordonne, général, que laissant deux bataillons dans l'emplacement actuel de votre camp, vous en portiez deux autres de l'autre côté du ravin qui appuie votre droite, et qu'ils soient établis vis-à-vis la croisée des chemins qui aboutissent à Kolveiller, ayant sur leur front la pièce de 12.

Vous répartirez votre artillerie de manière à défendre la sortie de ces chemins et de ceux qui débouchent à Guemingen.

Signé : DEBILLY.

Du 24 brumaire 4e année républicaine.

AU GÉNÉRAL DE DIVISION ERNOUF

Je vous envoie ci-inclus, mon général,

1° L'état journalier,

2° L'état décadaire,

3° Celui des tués et blessés,

4° Enfin, le rapport des événements de la division du 18 au 23 du courant.

Je me flatte que vous avez reçu jusqu'au 18 exclus tout ce que je devais vous fournir depuis notre départ de Coblence ; s'il en étoit autrement, ce seroit la faute des ordonnances qui en ont été chargés.

En supposant même qu'il y eût eu de ma part retard d'un ou deux jours, je serois bien excusable par ma position auprès du général Marceau, je suis le seul adjudant-général dans sa division ; par conséquent, chargé du détail et des courriers, vous verrez par mes rapports qu'elles ont dû être considérables et que nécessairement il m'est resté peu de temps pour la correspondance avec vous.

Cependant, on m'assure que vous avez été à tel point indisposé contre moi que vous m'avez écrit de me rendre auprès de vous.

Cette lettre que je n'ai pas reçue m'eût bien vivement affecté ; j'aurais obéi, parce que, voulant de la subordination de la part des officiers sous mes ordres j'en dois l'exemple moi-même, je vous assure que n'ayant rien à me reprocher je ne connois pas de puissance au monde qui eût pu me forcer à continuer mes fonctions.

La promesse que je vous ai déjà donnée, ma probité et des informations que vous pouvez prendre sur mon exactitude auprès de ceux qui me connoissent, doivent vous répondre, général, que quand il n'y aura pas d'obstacle invincible, je m'acquitterai toujours de mes devoirs.

DEBILLY.

Du 25 brumaire (16 novembre) 4e année républicaine (1).

AU CHEF DE BATAILLON SEGUIN

Répondez-moi dans la nuit sur l'état de vos besoins en effets de rechange, bois et ferrure, afin que je les fasse fabriquer sur-le-champ par les baillys les plus voisins de notre quartier général.

Vous m'enverrez 3 charrons et 3 serruriers que je chargerai de surveiller la confection de ces objets.

S'il vous manquoit encore des effets d'attelage ou de voi-

---

(1) Le 25 brumaire, la liaison avec l'armée de Rhin-et-Moselle était assurée par l'adjoint Sorbier de cette armée. (V. *Saint-Cyr*, tome II, page 317.)

ture propres à servir de prolonges, ou d'ustensiles à l'usage de vos ouvriers, comprenez-le dans l'état que vous m'enverrez, je tâcherai d'y faire droit sur-le-champ.

P.-S. — J'espère vous voir demain pour conférer avec vous de nos besoins en flambeaux, chandelles et lanternes sourdes, et autres effets de menus achats.

Signé : DEBILLY.

Du 25 brumaire 4e année républicaine.

A MONSIEUR LE BAILLY DE KIRCKBERG

Vous n'avez fourni que deux tiers de ma réquisition en cloux à ferrer les chevaux, vous voudrez bien y joindre la quantité de 10,000 cloux à glace que vous tiendrez prêts pour le 27 du courant.

Signé : DEBILLY.

Du 26 brumaire (17 novembre) 4e année républicaine.

AU COLONEL TREILLARD

Demain, mon camarade, les troupes aux ordres du général Marceau feront un mouvement de la gauche à la droite.

Les 2e et 3e bataillons infanterie légère recevront du général Marceau l'ordre de venir cantonner à Argenthal, où ils relèveront le 1er bataillon de la 9e demi-brigade.

Ce bataillon, aussitôt relevé, partira avec la 24e et la 94e pour se rendre à Guemingen, il devra occuper Kolweiller, le 3e de la 94e occupera Guemingen, et le 3e de la 24e Meingerscheildt et Diffembach.

Après-demain les deux bataillons d'infanterie légère partiront d'Argenthal avec la gendarmerie et la 26e demi-brigade pour se rendre à Guemingen.

L'intention du général Marceau est que la 9e demi-brigade infanterie légère soit répartie :

Le 1er bataillon à Kolveiller et à Bruncheildt,

Le 2ᵉ à Guemingen,

Le 3ᵉ à Meingerscheildt et Diffembach.

Vous les y disposerez ainsi que la cavalerie dans la quantité que vous croirez nécessaire pour la sûreté de ces postes et de l'armée.

Je vous préviens que le 3ᵉ régiment de chasseurs ne fait plus partie de votre commandement, vous devez donc resserrer vos cantonnements entre Kirn à votre droite et Diffembach à votre gauche. Réglez-les de manière à ce que le rassemblement de toute votre cavalerie puisse se faire dans les plaines, au-dessus de Guemingen, et entre Woppert et Guemingen.

P.-S. — Puisque vous devez vous rendre demain à 10 heures du matin chez le général Poncet, vous accélérerez avec lui votre ordre de cantonnement.

Salut et fraternité.

Signé : Debilly.

Du 26 Frimaire 4ᵉ année républicaine.

AU GÉNÉRAL NALÈCHE

Vous ordonnerez, général, à la gendarmerie et à la 26ᵉ demi-brigade occupant le camp de Rhimbullen, Manneback et Dietelbach de quitter demain matin leur position pour se rendre au camp d'Argenthal.

Vous ordonnerez aussi aux 2ᵉ et 3ᵉ bataillons de la 9ᵉ demi-brigade d'infanterie légère de venir demain matin cantonner à Argenthal.

Ces troupes seront relevées par celles de la division Bernadotte qui, d'après l'ordre du général en chef (¹), se met en mouvement demain matin pour exécuter cette disposition.

Je préviens aussi les 24ᵉ et 94ᵉ demi-brigades campées à Argenthal, ainsi que le 1ᵉʳ bataillon de la 9ᵉ demi-brigade

---

(1) Jourdan. Ordre de l'armée. (Archives historiques. Dépôt de la guerre.)

d'infanterie légère occupant le village, qu'aussitôt l'arrivée de la gendarmerie et de la 26ᵉ demi-brigade et des deux bataillons de la 9ᵉ demi-brigade d'infanterie légère se mettent en marche pour Guemingen où elles seront réparties de la manière qui suit :

Le 1ᵉʳ bataillon de la 9ᵉ demi-brigade cantonnée à Kolweiller,

Le 3ᵉ bataillon de la 94ᵉ demi-brigade à Guemingen,

Le 3ᵉ bataillon de la 24ᵉ demi-brigade à Meingerscheildt et Diffenbach,

Les deux derniers bataillons de la 24ᵉ demi-brigade, et ceux de la 94ᵉ demi-brigade aux deux camps de Guemingen et Kolweiller.

Ces troupes resteront dans cette position jusqu'à nouvel ordre de la part du général.

Après-demain, général, vous tiendrez vos troupes prêtes à partir aussitôt qu'elles auront été relevées par la division Bernadotte ; elles se dirigeront sur Guemingen ; il leur sera assigné là une position qu'elles devront occuper.

Pour abréger votre besogne, général, je donne des ordres particuliers à la 94ᵉ et à la 24ᵉ et au 1ᵉʳ bataillon d'infanterie légère à Argenthal.

Signé : DEBILLY.

Du 26 brumaire 4ᵉ année républicaine.

AU CHEF DE BATAILLON COMMANDANT LA 24ᵉ DEMI-BRIGADE

Le camp d'Argenthal sera relevé demain, mon camarade, par les troupes de Rhimbullen ; vous tiendrez votre demi-brigade prête à passer avec la 94ᵉ et le 1ᵉʳ bataillon de la 9ᵉ demi-brigade d'infanterie légère. Aussitôt l'arrivée du général Nalèche, vous vous dirigerez sur Guemingen, vos deux premiers bataillons tiendront le camp sur les hauteurs en face de Kohlweiller ; votre troisième cantonnera à Mangerscheildt et Diffenbach.

Vous resterez dans cette position jusqu'à nouvel ordre du général Marceau.

Salut et fraternité.

Signé : Debilly.

Du 26 brumaire 4e année républicaine.

AU CHEF DU 1er BATAILLON DE LA 9e DEMI-BRIGADE
D'INFANTERIE LÉGÈRE

Aussitôt, mon camarade, que vous aurez été relevé demain par les deux bataillons de votre demi-brigade, vous vous mettrez en marche avec les troupes formant le camp d'Argenthal pour vous rendre à Guemingen, et vous irez cantonner à Holweiller.

Après-demain, vous recevrez de nouveaux ordres du général Marceau.

Salut et fraternité.

Signé : Debilly.

Du 26 brumaire 4e année républicaine.

AU CHEF DE BATAILLON COMMANDANT LA 94e DEMI-BRIGADE.

Demain, mon camarade, le camp d'Argenthal sera relevé par les troupes de Rhimbullen.

Tenez votre demi-brigade prête à marcher avec la 24e et le 1er bataillon de la 9e demi-brigade d'infanterie légère. Aussitôt l'arrivée du général Nalèche, vous vous dirigerez sur Guemingen.

Vos deux premiers bataillons camperont sur les hauteurs à droite du village, à la gauche de la 24e, séparés d'elle par un ravin intermédiaire.

Votre 3e bataillon cantonnera à Guemingen ; vous resterez dans cette position jusqu'à nouvel ordre.

Signé : DE Billy.

P.-S. — Entendez-vous avec le chef de la 24e demi-brigade pour prendre sur-le-champ, dans Argenthal et villages auprès de ce bourg, les voitures nécessaires pour venir prendre à Simmeren le pain de votre troupe pour deux jours ; il n'y a pas un moment à perdre.

Signé : DEBILLY.

Du 26 brumaire 4ᵉ année républicaine.

AU GÉNÉRAL NALÈCHE

Ordonnez, général, au chef de la 26ᵉ demi-brigade de requérir toutes les voitures nécessaires pour venir prendre à Simmeren le pain de la troupe pour deux jours. Il n'y a pas un moment à perdre. Si cette mesure est applicable à la gendarmerie j'en serais enchanté.

Signé : DEBILLY.

Du 26 brumaire 4ᵉ année républicaine.

AU CAPITAINE VERNEREY COMMANDANT L'ARTILLERIE LÉGÈRE

Les pièces que vous avez en position à Rhinbullen reviendront demain à Argenthal avec les troupes que doit y amener le général Nalèche. Après-demain, votre compagnie tout entière avec son artillerie partira avec le camp d'Argenthal pour se rendre à Guemingen. Vos pièces seront réparties sur les points qu'indiquera le général Marceau.

Signé : DEBILLY.

Du 26 brumaire 4ᵉ année républicaine.

AU CHEF DE BATAILLON D'ARTILLERIE SEGUIN

Vous tiendrez toute votre artillerie de position prête à partir après-demain avec les troupes composant le camp d'Argenthal ; elles se dirigeront sur Guemingen où vous les établirez d'après les ordres du général Marceau.

Signé : Debilly.

P.-S. — Vous ordonnerez à votre réserve de venir s'établir en arrière du camp de Guemingen, dans un lieu que vous aurez reconnu propre à la recevoir, sur la route de Guemingen à Kirkberg, et vous voudrez bien me l'indiquer ; je désire aussi que vous fassiez transporter de ce côté le petit dépôt de munitions que vous avez à Simmeren.

Signé : Debilly.

On voit d'après ces ordres quelle est l'activité du chef d'état-major. Il n'y a pas possibilité de diviser le travail ; d'ailleurs, les chefs des diverses armes et des services sont éloignés ; il faut leur faire passer des ordres complets, car aucun intermédiaire ne suppléera aux lacunes. C'est un surmenage inouï et, malgré tout, rien ne fait défaut. Autour de Marceau et de de Billy, les difficultés les plus extraordinaires s'aplanissent devant leur volonté inflexible, celle d'être à la hauteur de tous les devoirs (¹). Admirable exemple de ferveur militaire et patriotique digne d'être consacré au même titre que les plus beaux faits d'armes !

Le rapport du 23 au 26 dit que :

Les reconnaissances du 23 au 24 n'ont rien appris de nouveau. Celles du 25 ont appris que l'ennemi avait évacué le

----

(1) Voir *Lettres de Marceau à Kléber et Jourdan*, H. Maze. Lettres de Marceau à de Billy et de de Billy à Marceau. (Archives de M. de Billy.)

poste de Stromberg et qu'il avait fait passer sur la rive droite du Rhin un régiment de cavalerie.

Le capitaine Chevrau, au 11e régiment de chasseurs, envoyé à la tête d'un parti pour avoir des renseignements sur l'armée de Rhin-et-Moselle, est rentré le 25 et a appris que l'ennemi et l'armée de Rhin-et-Moselle faisaient également des patrouilles dans Meyssenheim, que la force du premier se portait sur Kayserslautern et que les avant-postes de la dernière étaient à Korombach et Lautreck, à cinq quarts de lieue et deux lieues de Meyssenheim.

Signé : DEBILLY.

Grâce aux renforts annoncés, le mouvement en avant est repris et, le 27 brumaire, le quartier général de Marceau est à Kirchberg. Mais des troupes, harassées de fatigue et mourant de faim, se mutinent et jettent leurs armes. D'autres pillent l'habitant.

27 brumaire.

AU GÉNÉRAL NALÈCHE A ARGENTHAL

Je vous invite, général, à faire recueillir les gibernes et fusils abandonnés par la 94e demi-brigade et à les faire voiturer jusqu'à Guemingen. J'écris au chef de la 94e pour lui faire des reproches de la manière molle et condamnable avec laquelle il tient la discipline dans son corps. Je lui dis que j'espère encore que les hommes qui ont abandonné leurs armes ne sont point des déserteurs mais des gens qui, sans permission, s'étant retirés sur les derrières, n'ont pas été rentrés au camp d'Argenthal au moment du départ. Je crois que la pièce que vous avez laissée à Rhimbullen doit vous suivre à Guemingen.

Signé : DEBILLY.

Du 27 brumaire 4ᵉ année républicaine.

AU CHEF DE BATAILLON COMMANDANT LA 94ᵉ DEMI-BRIGADE D'INFANTERIE

Il faut convenir, citoyen, que la manière dont vous tenez la discipline dans votre corps est bien condamnable.

Comment se fait-il que vous soyez parti le matin du camp d'Argenthal sans vous assurer du nombre des hommes présents au drapeau ? Comment surtout avez-vous abandonné dans votre camp les fusils et gibernes qui y ont été trouvés par le général Nalèche ?

Faites faire demain dans la matinée un appel et soyez prêt à me rendre compte de ce qui vous manque depuis hier, à mon arrivée à Guemingen.

Je vous préviens que les intentions du général sont de livrer au conseil militaire et de faire frapper de destitution les officiers de tous grades qui, par leur négligence à surveiller la troupe dont la discipline leur est confiée, auront provoqué la dissolution de leur corps.

Je prie le général Nalèche d'ordonner que les armes que vous avez abandonnées soient voiturées jusqu'à Guemingen.

Vous voudrez bien me dire combien de vos volontaires se seront présentés pour en recevoir.

Signé : Debilly.

Du 28 brumaire (19 novembre) 4ᵉ année républicaine.

De Billy invite le général Nalèche à donner les ordres les plus sévères pour qu'on arrête sur-le-champ les pillages qui se commettent notamment à Wonmerodt à une demi-lieue de Guemingen.

Salut et fraternité.

Signé : Debilly.

Le 27 brumaire, la division Bernadotte, détachée par Jourdan, arrive enfin au soutien de Marceau et se place à Ariendall. Mais les liaisons et les patrouilles se font mal et de Billy rectifie ce service si essentiel :

Du 28 brumaire 4ᵉ année républicaine.

AU CHEF DE BATAILLON TREILLARD, COMMANDANT LES AVANT-POSTES

Ayez soin, mon cher camarade, de faire relever demain le piquet du quartier général.

Je vous préviens que le général Marceau sera rendu demain matin de très bonne heure à Kirm ; il me charge de vous dire que les patrouilles que vous envoyez à la découverte doivent être composées au moins de cinquante hommes commandés par un officier, que leurs marches doivent être combinées de manière que l'une puisse prêter secours à l'autre et protéger sa retraite, il a été fâché d'apprendre qu'il avoit encore été enlevé de nouveau des hussards dans les partis qu'il avoit détachés de leurs corps. Je vous en avertis en ami pour que vous puissiez aviser aux mesures qui pareront à cet inconvénient.

J'irai demain à Guemingen, mais je n'ose pas me flatter du plaisir de vous y voir en attendant notre première entrevue qui ne peut pas être bien longue, recevez l'assurance de mon attachement et de mon amitié.

Si vous aviez fait quelques changements dans les postes de vos troupes légères et dans la disposition que m'a donné ce matin votre adjudant je vous serai obligé de m'en prévenir ; j'attends au plus tard pour demain l'état de situation des corps à vos ordres.

Signé : DEBILLY.

L'arrivée des troupes de renfort augmente les

embarras de l'armée pour la subsistance, et les souffrances provoquent de nouvelles séditions.

Du 30 brumaire (21 novembre) 4e année républicaine.

AU CHEF DE BRIGADE BISSON, COMMANDANT LE CAMP

Il n'y a qu'un moyen pour arrêter les cris séditieux qui se manifestent au camp : c'est que vous assembliez à l'instant les officiers supérieurs de chaque demi-brigade et que vous les rendiez personnellement responsables, eux et les officiers à eux subordonnés, de tous les excès que l'on menace de commettre cette nuit.

Si ceux qui commandent ces corps ne savent pas retenir les soldats dans les bornes de la discipline, il faut qu'ils soient destitués à l'instant, et le général en chef est prêt à prendre cette mesure si c'est la seule chose qui puisse maintenir l'ordre.

Aucun d'eux n'est plus intéressé que vous à rappeler les volontés à leurs devoirs, je vous connois assez pour croire que votre fermeté arrêtera toute violation des propriétés et toutes infractions aux règles de la subordination militaire.

Signé : Debilly.

Du 30 brumaire 4e année républicaine.

AU CHEF DE LA 26e DEMI-BRIGADE D'INFANTERIE

Vous ferez dresser aujourd'huy, par le conseil d'administration de votre corps et présenter de suite à l'état-major à Kirckberg la liste des officiers, sous-officiers et volontaires qu'il croira les plus propres à former un conseil militaire.

La loi ordonne qu'il soit composé de la manière suivante :
1 officier supérieur ;
1 capitaine ;

1 lieutenant ou sous-lieutenant ;
1 sergent ;
2 caporaux ;
3 volontaires.

Indépendamment du nombre des juges, le conseil doit encore nommer un rapporteur pris parmi les officiers dès que la liste aura été vue du général Marceau et qu'il aura désigné ceux qu'il appelle à former ce premier conseil. Le rapporteur se transportera à mon bureau et je lui remettrai les pièces contre le nommé Louis, grenadier dans votre demi-brigade, accusé d'avoir volé.

Signé : Debilly.

Du 30 brumaire 4e année républicaine.

AU GÉNÉRAL NALÈCHE

Je ne communiquerai point, général, au général Marceau la lettre déchirante que vous m'adressez à l'instant.

Voyez copie de celle que j'écris au chef de brigade Bisson.

J'espère qu'elle fera son effet ; dans le cas contraire je serai tout sellé, tout botté, je n'attends qu'un mot pour venir vous aider de mes pauvres petites forces.

Si vous avez des voitures pour venir chercher le pain, on le délivrera à Kirckberg, on tuera derrière le camp pour quatre jours, ainsi que vous le désirez.

Signé : Debilly.

On voit par la lettre précédente quelle responsabilité ne craint pas d'assumer le chef d'état-major de Marceau. Une brigade presque entière (¹) menace

---

(1) Lettre de Nalèche du 28 brumaire. (Archives de M. de Billy.)

de se soulever, et, pourtant, il n'en rend pas compte au général qui a besoin de toute son énergie et de toute sa tranquillité d'esprit pour envisager la situation militaire. C'est que le jeune chef a déjà beaucoup souffert; il est préférable de lui éviter encore cette amertume. D'ailleurs, de Billy se sent homme à réprimer le mouvement; mais ne réussirait-il pas, que toutes ses dispositions sont prises pour empêcher tout mécompte.

Les troupes sont si peu sûres, qu'il ne faut pas établir les ordres d'après leur effectif(1); en conséquence, la répartition des troupes prêtes à combattre reste toujours au-dessous de ce chiffre. C'est la réalité; il vaut mieux l'envisager que de se lamenter inutilement. De Billy est un homme de fer et les situations les plus compliquées ne le prennent pas au dépourvu; c'est le souffle de Kléber qui l'anime et c'est lui qu'il met au service de Marceau.

Le 1ᵉʳ frimaire (2), Jourdan prévient Marceau qu'il ait à se considérer comme formant l'avant-garde de l'armée de Sambre-et-Meuse. Se sentant assuré sur sa ligne de retraite par cet avis et par l'arrivée de

---

(1) Ordres à Souchard, adjoint à l'adjudant général de Billy.

(2) Le 22 novembre (1ᵉʳ frimaire), Mannheim s'était rendue. Le mouvement de Jourdan était pressé depuis plusieurs jours par le Directoire en vue de la délivrance de cette ville. Jourdan n'apprit la reddition que le 7 frimaire. A partir de cette époque, le Directoire enjoint à Jourdan de se maintenir dans le Hundsrück, mais de ne pas y livrer bataille (V. plus loin). Mais Clerfayt tourne toutes ses forces contre Marceau, qu'il avait fait contenir jusque-là par Wartensleben, et détache seulement Wurmser pour immobiliser Pichegru. (V. *Effectifs et additions de Gouvion Saint-Cyr*, tome II.)

Bernadotte à Ariendall, Marceau se porte sur Kirn, le 2, afin de mettre la main sur les points d'appui qui se trouvent au débouché des gorges de Stromberg. Mais l'ordre lui arrive aussi de disloquer sa division, tant pour donner plus de légèreté à l'avant-garde que pour maintenir surtout la liaison avec l'armée [1], fort loin en arrière, sur la rive gauche de la Moselle. Il ne conserve plus que les forces suivantes :

2ᵉ et 4ᵉ régiments de hussards ;

11ᵉ régiment de chasseurs ;

9ᵉ demi-brigade ;

3ᵉ bataillon de la 21ᵉ demi-brigade ;

31ᵉ division de gendarmerie nationale ;

24ᵉ, 26ᵉ et 94ᵉ demi-brigades d'infanterie ;

2ᵉ compagnie du 4ᵉ régiment d'artillerie légère ;

2ᵉ compagnie du 11ᵉ bataillon de sapeurs ;

Artillerie de position : 2 pièces de 8, 2 pièces de 12 et 2 obusiers [2].

Les autres troupes restent sous les ordres du général Poncet. Le mouvement de dislocation nécessite la séparation momentanée du général et de son chef d'état-major ; l'un se porte en avant pour reconnaître le terrain, l'autre assure le rassemblement de la nouvelle formation, disloque les anciens avant-postes et les relève lui-même.

---

[1] La division Poncet est chargée de cette liaison.

[2] Registre d'ordres du chef d'état-major. (Archives de M. de Billy.)

Marceau avait envoyé, le 1ᵉʳ, l'ordre suivant à de Billy qui rassemblait les troupes au camp de Guemingen :

Donnez ordre aux troupes de ma division qui sont au camp de Rimbulen à Messenbach et à Dutelbach de se rendre, savoir : la 26ᵉ demi-brigade et la gendarmerie au camp d'Argenthal, les 2ᵉ et 13ᵉ bataillons de la 9ᵉ demi-brigade d'infanterie légère à Argenthal.

Aux troupes du camp d'Argenthal et au 1ᵉʳ de la 9ᵉ demi-brigade de se rendre aussitôt qu'elles seront relevées, savoir : les 24ᵉ et 94ᵉ demi-brigades au camp au-dessus de Guemingen et Kolweiller. Le 1ᵉʳ bataillon de la 9ᵉ à Kolweiller, le 3ᵉ de la 94ᵉ à Gueminden et le 3ᵉ de la 24ᵉ à Mengerscheid et Diffenbach.

Ces troupes resteront là jusqu'à nouvelles dispositions de ma part.

Ordre aux troupes qui demain seront au camp d'Argenthal de partir après-demain pour se rendre au camp de Guemingen, elles seront placées dans la position qui sera désignée aussitôt qu'elles seront relevées par les troupes aux ordres de Bernadotte.

Les 3 bataillons d'infanterie légère seront disposés de la manière suivante dans le jour d'après-demain, savoir : le 1ᵉʳ à Kolweiller et Brenscheid, le 2ᵉ Guemingen, le 3ᵉ Mengerscheldt[1] et Diffenbach. Le chef de bataillon Treillard les y disposera dans la quantité qu'il croira nécessaire, ainsi que la cavalerie.

Donnez avis au chef de bataillon Treillard que le 3ᵉ régiment de chasseurs ne fait plus partie de son commandement, qu'il doit régler et resserrer ses cantonnements sur la droite en prenant pour point à sa gauche Diffenbach, à sa droite Kirn, et de manière que le rassemblement de cette cavale-

____

(1) Meingerscheidt.

rie puisse se faire dans les plaines au-dessus de Gueminden et entre Wopport et Gueminden.

Faire monter à cheval un adjoint pour demain, faire exécuter ces ordres et placer les bataillons venant d'Argenthal à Guemingen.

Demain, à onze heures précises, je monterai à cheval pour choisir l'emplacement de la division à Guemingen.

MARCEAU (¹).

P. S. — Je vous envoie et ma lettre à Poncet et la lettre de Jourdan à moi, afin de vous donner une idée du mouvement, vous ferez copier l'une, la ferez partir et me renverrez l'autre.

Vous préviendrez Nalèche qu'il doit donner des ordres aux bataillons d'infanterie légère et aux gendarmes d'exécuter ce mouvement.

Treilhard est chargé du commandement des nouveaux avant-postes ; de Billy s'y porte en toute hâte, tandis que Marceau vient visiter le camp de Guemingen établi par de Billy.

Des forces ennemies considérables sont signalées à Meissenheim, le 3 frimaire au soir. Pour garder sa droite et les communications avec Trèves, Marceau se porte le 6 à Birkenfeld.

Les ordres suivants sont donnés par de Billy aux troupes de l'avant-garde et à celles qui la renforcent provisoirement.

---

(1) Archives de M. de Billy. Tous les ordres de Marceau présentés dans cette étude proviennent des mêmes archives.

Du 5 frimaire 4ᵉ année républicaine.

AU CHEF DE BRIGADE TREILLARD
COMMANDANT LES TROUPES LÉGÈRES DE L'AVANT-GARDE

Votre régiment, mon camarade, prendra ses cantonnements à droite de l'avant-garde.

1 escadron occupera Birkenfeld, les autres seront répartis à Werdenstein, Obstelein et Tuizweiller.

Le 3ᵉ bataillon de la 21ᵉ demi-brigade d'infanterie légère sera partagé entre ces trois villages ; la cavalerie et l'infanterie cantonnées dans les trois postes jetteront des gardes avancées sur la route de Wendel et celle de Tholey ou Sarrelouis.

En cas d'affaire, vous ordonnerez à ces troupes de se rassembler sur la route de Wendel à la position d'Obstelein, derrière la Naw.

Le 2ᵉ régiment d'hussards prendra ses cantonnements à Laugenbach, Heimbach, Reisberg et Reichenbach. Vous partagerez entre les quatre postes le 1ᵉʳ bataillon de la 9ᵉ demi-brigade d'infanterie légère.

Ces deux corps pousseront leurs avant-postes sur les routes qui conduisent à Baumhelder et Wendel et, en cas qu'ils soyent forcés, vous leur indiquerez pour point de rassemblement les hauteurs derrière la Naw, en leur recommandant de se lier avec le 11ᵉ régiment de chasseurs.

L'artillerie légère qui est à Osweiller y restera ; celle qui est à Idart se réunira à celle de Birkenfeld.

Toutes ces troupes étant sous votre main, c'est vous, mon cher Treillard, qui serez chargé de leur donner l'ordre de leurs mouvements respectifs.

Je préviens, moi, le 4ᵉ de hussards de se porter demain à Ausweiller, Aulenbach, et Breukelborn jetant deux escadrons à Birkenfeld, et le 2ᵉ bataillon de la 9ᵉ demi-brigade d'infanterie légère d'occuper ces trois premiers villages conjointement avec le 4ᵉ régiment d'hussards. Le rassemblement sera sur la route de Baumhelder et leur retraite se fera par Reichenbach, sur Nahw et Birkenfeld.

J'ordonne également au 3e bataillon de la 9e demi-brigade d'infanterie légère de venir occuper demain Nahn et Rheusberg, il jettera trois compagnies dans Birkenfeld.

Le 11e régiment de chasseurs et le 3e bataillon de la 41e demi-brigade d'infanterie légère pourront partir de leurs cantonnements sans attendre qu'ils y aient été relevés pour venir s'établir dans les nouveaux qui leur sont désignés.

Il en est de même des deux escadrons d'hussards du 2e régiment qui sont à Nahn, ils pourront se porter de suite à Heimbach et Reichenbach, les autres feront leurs mouvements quand ils auront été remplacés par le 4e régiment d'hussards.

Après avoir fait la reconnoissance de l'espace de terrain renfermé entre Werdenstein, qui se trouve à droite de vos avant-postes, et Brakelborn qui enferme la gauche, vous distribuerez vos gardes dans les endroits qui vous paroîtront propres à assurer le front et le flanc droit du camp que le général Marceau établit demain en avant de Birkenfeldt. Chaque régiment devra fournir au moins cent hommes de garde ou piquet, vous leur indiquerez un lieu de rassemblement, ce qui vous sera d'autant plus facile que tous les corps se trouveront maintenant réunis, ils seront tous rendus demain à leurs cantonnements. En conséquence, le général Marceau espère qu'après-demain le service sera organisé de telle manière que les patrouilles aient une communication bien établie et qu'il ne puisse y avoir de la part de l'ennemi aucune surprise sur le camp ; le quartier général sera demain soir à Birkenfeldt.

Salut et fraternité.

Signé : DEBILLY.

Du 5 frimaire (26 novembre) 4e année républicaine.

AU CHEF DE BRIGADE EIRISCH

Je vous préviens, mon camarade, que j'ordonne à vos 2e

et 3ᵉ bataillons de se mettre en marche demain matin à quatre heures précises pour venir occuper :

Le 2ᵉ, les cantonnements Daulanbach, Ausweiller et Beinkelborn ;

Le 3ᵉ, ceux de Nohn, Reisberg et Birckenfeldt.

P. S. — Votre 1ᵉʳ bataillon occupera L'Augenbach, Heimbach, Reisberg et Reichenbach, le chef de brigade Treillard vous communiquera des renseignements ultérieurs.

Le quartier général sera demain à Birckenfeldt.

Signé : DEBILLY.

Du 5 frimaire 4ᵉ année républicaine.

AU CHEF DE BATAILLON KUHMANN

Votre bataillon, mon camarade, partira demain matin à quatre heures précises pour venir prendre, dans les environs de Birkenfeldt, les cantonnements d'Aulembach, Ausweiller et Brenkelborn, il les occuppera conjointement avec le 4ᵉ régiment de hussards.

Le point de rassemblement de ces deux corps sera sur la route de Beaumholder, et celui de leur retraite par Reickenbach, sur Nohn et Birkenfeldt.

Vous recevrez d'ailleurs, sur cet objet et sur la manière d'établir vos avant-postes, des renseignements plus particuliers du général Treillard.

Salut et fraternité.

Signé : DEBILLY.

Du 5 frimaire 4ᵉ année républicaine.

AU CHEF DU 3ᵉ BATAILLON DE LA 9ᵉ DEMI-BRIGADE LÉGÈRE

Votre bataillon, mon camarade, partira demain matin à quatre heures précises de ses cantonnements pour venir occupper ceux de Nohn, Reisberg et Birkenfeldt où il jettera trois compagnies. Il y recevra du général Treillard les renseignements qui lui seront nécessaires sur la manière d'établir ses avant-postes.

Signé : DEBILLY.

Du 5 frimaire 4e année républicaine.

AU CHEF D'ESCADRONS COMMANDANT LE 4e RÉGIMENT D'HUSSARDS

Votre régiment, mon camarade, partira demain matin à quatre heures précises de ses cantonnements pour venir occuper ceux de Hollembach, Ausweiller, Beaukelbach et Birkenfeldt où il y jettera deux escadrons.

Je vous préviens que ceux qui occuperont les trois premiers postes auront pour point de rassemblement la route de Baumholder et leur retraite par Reichenbach sur Nohn et Birkenfeldt.

Vous recevrez d'ailleurs à cet égard et sur la manière d'établir vos avant-postes des renseignements plus particuliers du général Treillard.

Signé : DEBILLY.

Du 5 frimaire 4e année républicaine.

AU GÉNÉRAL DE BRIGADE NALÈCHE

Vous réunirez vos troupes demain matin, général, y compris le bataillon cantonné à Oberstein qui laissera seulement ses gardes dans ce poste, vous vous mettrez en marche à huit heures, vous dirigeant sur Birkenfeldt.

Vous prendrez position sur les hauteurs en avant du village, la droite vers le château de Birkenfeldt, la gauche sur la route de ce village à Beaumholder, adossé au bois qui se trouve sur les hauteurs.

Vous ferez établir vos pièces de position sur les hauteurs

qui défendent la route venant de Beaumholder; celles des bataillons seront mises en batterie en avant de leur front.

Comme il pourrait se faire que cette position fût pour une nuit seulement, votre troupe se mettra dans le bois et y bivouaquera; les chevaux de l'artillerie de position et ceux de l'artillerie des bataillons pourront être logés au village de Schmisberg.

Vous aurez avec vous une pièce de 8, un obusier et deux pièces de 12. Seguin pourra donc faire partir avec votre colonne toute son artillerie, les gendarmes garderont à Oberstein un obusier et une pièce de 8 et vous enverront à Birkenfeldt une pièce de 8 et une pièce de 12.

Le quartier général sera à Birkenfeldt, le vôtre à Schmisberg.

L'artillerie de réserve continuera à être à Morbach et les administrations se porteront à Elleberg, en arrière de Birkenfeldt.

Je vous préviens que votre droite et votre front seront couverts par les troupes légères ayant leur droite à Werdeinstein et leur gauche à Breukelborn.

Signé : DEBILLY.

De Birkenfeld, Marceau pousse vers Messenheim, dont il s'empare le 8. Mais les troupes n'ont ni pain ni souliers (¹) et il sera bien difficile de garder la ligne de la Glann qui est tenue aussi à Lautrech. Le 1ᵉʳ bataillon d'infanterie légère est, en effet, chassé de ce poste par l'ennemi qui l'a attaqué le 10 avec trois pièces de canon, de l'infanterie et de la cavalerie (²). Le quartier général de Marceau est à Grom-

---

(1) Lettre à Jourdan. (Archives historiques. Dépôt de la guerre.)
(2) Rapport du 8 au 11 frimaire. (Registre d'ordres de de Billy.)

bach. Treilhard pousse une pointe, le 11, sur Alzenis et prend position à Nieder- et Ober-Mouchel.

Depuis Birkenfeld, Marceau s'en remet souvent à de Billy du soin de donner les ordres, car il est toute la journée et souvent la nuit à cheval. Chaque matin, de Billy lui présente un projet d'ordres de mouvement qu'il approuve (1). Quant aux opérations,

---

(1) Les minutes de ces ordres sont dans le registre du chef d'état-major. En voici une entre autres :

« Le 6 frimaire.

« Les troupes à Baumholder, 3 escadrons du 11e et 3 bataillons de la 21e « demi-brigade, partant à 7 heures précises du matin avec une pièce de 8, « suivront le chemin de Hertzweiller, Nider-Alle, Saint-Julien, Eisenbach, « Offenbach, et s'y tiendront en s'y gardant militairement ; elles établiront « la communication par leur gauche avec le camp établi à Graumbach, et « dont les avant-postes occuperont Sultzbach et Steinberg.

« Le camp partira demain à 6 heures précises du matin ; il se dirigera sur « Lautreck par Nohn, Reigenbach, Ausweiller, la ferme de Weinterhoft, « celle de Wichenhoft, celle de Reiterhoft, Langweiller et Grombach pren-« dra en passant à Nohn le 3e de la 9e, qui formera tête de colonne jusqu'à « Reichenbach, où le régiment de Chamboran devra être réuni demain matin « à 7 heures précises.

« Le 1er bataillon de la 9e, qui occupe Langenbach, se trouvera rassem-« blé à la tête de Reichenbach avec le 2e de hussards.

« Les 3 escadrons du 4e de hussards cantonnés à Bulembach se trouve-« ront de même réunis à Ausweiller à 7 heures du matin, ainsi que le 2e « bataillon de la 9e demi-brigade, qui occupe les mêmes cantonnements, et « y attendront la tête de colonne.

« Ils se mettront en marche d'après les ordres ultérieurs qui leur seront donnés.

« La 31e division de gendarmerie partira demain à 7 heures précises du « matin d'Oberstein, Bolembach, Weyerbach, Berembach, Becherbach, « Berweiller, Lanscheidt, Odernheim.

« Elle marchera militairement, repoussera l'ennemi devant elle, prendra « poste à Odernheim, s'occupera de suite de se garder militairement, pous-« sera des patrouilles pour se lier avec le général Marceau à Grombach, et « dont les avant-postes seront à Bretenheim, Messenheim, Beckenbach, et « avec la division Poncet, qui aura des postes à Sobernheim.

« La 94e demi-brigade partira à 6 heures précises du matin, passant par « Oberstein pour se rendre à Ausweiller. Le commandant se mettra en « bataille sur la route d'Ausweiller et Winterhoff ; il fera en sorte d'y être « rendu à 8 heures du matin. Il attendra là la colonne du général Marceau « et recevra de nouveaux ordres.

« Parc de réserve : Birkenfeld.

« La compagnie de grenadiers du 3e bataillon de la 26e restera en gar-

elles consistent surtout à s'étendre en largeur pour tromper les Autrichiens sur la force de l'avant-garde, et cette tactique, très difficile avec des troupes déterminées, devient surhumaine ici en raison de la désertion, de la maladie et de la révolte (¹).

Le 9, un chasseur de Treilhard a voulu tuer Marceau après lui avoir reproché les souffrances qu'il endure. De Billy a été assez heureux pour détourner le coup qui menaçait son ami.

Du 10 frimaire (31 novembre) 4ᵉ année républicaine.

AU CHEF DE BRIGADE TREILLARD

Je vous prie mon camarade de prendre des informations sur les deux chasseurs de votre régiment qui hier matin ont manqué au général Marceau, de la manière la plus scandaleuse, les choses en sont venues à tel point que l'un d'eux a voulu tuer le général.

J'espère qu'aussitôt qu'il sera possible, vous ferez assembler le conseil militaire de votre régiment pour juger ces deux individus et en faire un exemple terrible aux yeux de l'armée.

Signé : Debilly.

L'enquête eut lieu plus tard sur la plainte du général.

« nison à Birkenfeld pour attirer les montures. Le commandant fera en
« sorte de faire parvenir demain soir à Grombalt le pain pour le 10 ; il
« fera escorter les convois par le détachement d'hussards à sa suite. »

(1) Voir H. Maze, page 65.

Du 10 nivôse 4e année républicaine.

AU COMMANDANT DES AVANT-POSTES

Le général Marceau me charge de vous porter plainte en son nom, que le 9 frimaire, marchant à l'ennemi et ayant trouvé dans la compagnie de votre régiment commandée par le capitaine Gobillon, plusieurs chasseurs ivres, il ordonna que l'un d'eux nommé   mît pied à terre sur-le-champ pour être incorporé dans l'infanterie. Cet homme descendit de cheval après avoir longtems résisté, mais le général ayant passé outre, entendit plusieurs voix sortant du peloton dont cet homme faisoit partie et qui crioient hautement (il n'ira pas), tournant bride aussitôt il revint vers la compagnie qui crioit il n'ira pas. Un autre chasseur, le nommé   fut remarqué par le général comme principal auteur de cette sédition, il lui ordonna comme à l'autre de descendre de cheval, et ne fut que très difficilement obéi. Le général lui-même mit pied-à-terre pour faire conduire ces deux hommes à la première compagnie de la colonne d'infanterie qui approchoit. Les deux chasseurs dirent alors qu'ils ne vouloient pas obéir.

Le général prit au collet le nommé   et fut saisi aux cheveux par lui. S'étant débarrassé de ses mains, il tira son sabre pour leur en imposer, son arme lui échappa et fut ramassée par le chasseur qui lui présenta la pointe en avant ; il fut empêché d'arriver jusqu'à lui par ceux qui l'entouraient ([1]) ; il fut remis avec son camarade à la garde de l'infanterie ; j'ai vu moi-même ces faits ainsi que les officiers de l'état-major du général, les officiers, sous-officiers et chasseurs de la compagnie du capitaine Gobillon.

Signé : DEBILLY.

([1]) De Billy, Souchard et deux secrétaires. (Archives de M. de Billy.)

Le 10 frimaire, Marceau écrit à Jourdan qu' « il ne compte pas plus sur ses troupes que sur rien du tout. Il a le désespoir dans le cœur ».

Jamais il n'a été plus profondément affecté. Il ne se décourage plus au point de vouloir se tuer, car de Billy est là ; mais, jamais il n'a tant souffert, jamais il n'a craint autant de ne pas remplir ses devoirs.

Il y a cependant encore beaucoup de braves gens dans les troupes ; de Billy les signale dans le rapport sur l'affaire de Lautrech, où le 1ᵉʳ bataillon a montré pendant 5 heures « trop de bravoure ». Certes, le moral est déprimé pendant les marches et dans les cantonnements où l'on manque de tout, mais, au feu, Sambre-et-Meuse n'oublie pas ses premières armes. C'est un éclair de fureur héroïque, puis on retombe dans la réalité. Le 12, de Billy écrit à son ami Robert de Nancy :

Du 12 frimaire 4ᵉ année républicaine.

AU COMMISSAIRE DES GUERRES ROBERT

As-tu des moyens pour faire vivre la troupe aujourd'hui, mon cher Robert ? As-tu des ressources assurées pour sa subsistance de demain ?

Il est possible que la troupe ne fasse pas son mouvement aujourd'hui. Voici sa disposition :

26ᵉ demi-brigade.
{ 1ᵉʳ bataillon à Grembach.
2ᵉ et 3ᵉ sur les hauteurs entre Lautreck et Messenheim, elle forme à peu près 1,800 hommes.

24ᵉ et 94ᵉ demi- ⎰ Au camp en arrière de Messenheim,
brigades. . . . ⎱ chacune forme à peu près 1,800 hommes.

Requiers aujourd'hui en cas que les vivres n'arrivent point, la viande sera due demain.

Signé : DEBILLY.

Et chaque jour amène la même détresse, tant qu'à la fin Marceau, tout en sévissant avec rigueur contre les pillards et les révoltés, les excuse (1).

L'ordre du 11 avait été donné entièrement par Marceau (2).

Ordre de Marceau.

Quatre compagnies du 3ᵉ bataillon de la 21ᵉ demi-brigade d'infanterie légère occupperont Odenbach et pousseront leurs postes vers Lautreck. Le commandant prendra toutes les précautions nécessaires pour ne pas être surpris ; pour ce, il s'assurera des postes de cette ville et poussera des postes sur les hauteurs à gauche de ce village pour voir et entourer la plaine.

Les cinq autres compagnies occupperont la ville de Messenheim, pousseront un grand poste au bois qui se trouve sur la hauteur à droite de la ville et sur la rive droite de la Nawe afin de voir tout ce qui se passe dans la plaine.

Ces différents postes devront prévenir de tout ce qu'ils apercevraient de la part de l'ennemi et les commandants envoyer promptement prévenir le général.

Le 2ᵉ de hussards doit aussi avoir un piquet sur cette hau-

---

(1) Lettre à Jourdan, 11 frimaire an IV. (Archives historiques. Dépôt de la guerre.)

(2) Le 11, Bernadotte écrit à Jourdan que les troupes ne veulent plus obéir « sous prétexte qu'elles meurent de faim ». (Archives historiques. Dépôt de la guerre.)

teur, ayant vue sur ce qui peut venir de Lautreck par la plaine. Les postes de Kalbach et Unkenback devant être occupés, les vedettes peuvent se dispenser d'avoir vue sur ce point et doivent porter toute leur attention sur la droite.

Écrire à Huard de se faire informer de ce qui se passe à sa droite, de tâcher de savoir si l'ennemi groupe des patrouilles sur sa droite et s'il est fort du côté de Lautreck ou de quel côté il peut l'être.

Le 13, combats d'avant-postes à l'est de Messenheim, qui est encore en notre pouvoir ; le 14, reconnaissance et, le 15, échec d'une reconnaissance des Autrichiens sur la ligne de nos avant-postes de Médart à Messenheim.

A Treilhard([1]) qui exprime quelques craintes en raison de ses renseignements, de Billy répond :

Du 15 frimaire 4e année républicaine.

AU CHEF DE BRIGADE TREILLARD COMMANDANT LES AVANT-POSTES

Le général Marceau qui compte plus sur vos talents et votre courage que vous n'y comptez vous-même a moins d'inquiétudes que vous sur votre position. Il ne croit pas à l'ennemi l'intention bien formelle d'enlever votre poste, il ne le croit pas d'abord en mesure suffisante pour le faire ; vous avez à vos ordres une demi-brigade d'infanterie légère, la gendarmerie, 9 escadrons de cavalerie.

Toutes les troupes sont bonnes et vous l'ont prouvé.

Vous vous défendrez avec elles jusqu'à ce que écrasés par le nombre vous soyez forcés à la retraite, mais le général ne

____

([1]) Treilhard a conservé la position des deux Mouchel indiquée plus haut.

croit pas qu'en opposant de la résistance à l'ennemi il puisse vous obliger à la faire.

Il est d'autant moins probable que l'ennemi détermine une forte attaque par votre flanc que s'il en agissait ainsi, il prêterait le sien aux troupes que je fais sortir de Messenheim.

Signé : DEBILLY.

Le 16, les renseignements font prévoir à Marceau qu'il sera attaqué le lendemain et il indique à Treilhard la ligne de retraite à tenir s'il est attaqué (le pont d'Obernheim), puis fait réveiller le zèle des troupes de première ligne dont il a eu à se plaindre.

Du 16 frimaire 4e année républicaine.

AU CHEF DE BATAILLON VERGER

Le général Marceau se plaint, mon camarade, de la manière nonchalante avec laquelle se fait le service au pont de Messenheim, la sentinelle se tient à l'intérieur du corps de garde, et les troupes, aux cris d'usage pour lui faire prendre les armes, ne sortent que très lentement. Il a été obligé ce soir de les faire sortir lui même et n'y a réussi qu'avec peine : l'ennemi s'il étoit un peu entreprenant surprendrait avec facilité et le poste et la ville.

Le général ordonne que des 15 hommes qui composent la garde il y en ait toujours quatre au bivouac, ils seront relevés aussi souvent qu'il plaira au chef de poste.

Vous commanderez aussi dans votre bataillon deux officiers de ronde chaque nuit qui en feront une à des heures différentes que vous indiquerez et en rendront compte au commandant de la place.

Salut et fraternité.

Signé : DEBILLY.

Le 16, l'ordre de Marceau est ainsi conçu :

Écrire à Treillard de toujours faire éclairer la droite et surtout le débouché de Kaiserlautern, d'avoir des postes dans toutes ces parties de manière à remplir le but que je m'étais proposé en faisant occuper Enenbach et Kalbach, qui est de resserrer l'ennemi et de ne lui laisser aucune prise pour un coup de main sur les derrières de sa position. Le prévenir qu'il lui est parvenu deux caissons de cartouches, qu'il doit les faire prendre, remplir les caissons de l'infanterie légère et renvoyer les vides. Le prévenir de l'arrivée des six compagnies d'infanterie légère dont il devra laisser au moins une compagnie bivouaquée au bois qui se trouve sur la droite au-dessus d'Essenbach et où passe la route de Messenheim à Schertcheld. Qu'il renvoie l'obusier endommagé afin qu'on le fasse raccomoder. Qu'il se garde enfin ou qu'il ne cherche point à engager d'affaire si l'ennemi n'a que des postes, qu'on les laisse et qu'on attende qu'un grand mouvement, que l'armée doit faire dans cette partie, nous mette à même d'agir efficacement, qu'on se garde sur les hauteurs parfaitement, et que si l'ennemi occuppe le fond on fasse en sorte de l'occuper de son côté.

Donnez ordre à quatre compagnies du 3e bataillon de la 26e demi-brigade de se rendre demain pour 3 heures précises du matin à Odenbach, et de relever les six compagnies de la 21e demi-brigade d'infanterie légère, d'occuper les postes fournis par ces troupes ; il leur sera ordonné de les garder comme il faut et de veiller scrupuleusement.

Ordre aux six compagnies de la 21e demi-brigade de se porter demain, à 3 heures du matin, d'Odenbach, et de se rendre à Obermouchel pour y prendre les ordres du commandant des avant-postes Treillard.

Ces mouvements doivent s'exécuter ponctuellement, les ordres sont de rigueur. Le chef de la 26e réglera l'heure des départs des six compagnies d'après les distances qu'elles ont à parcourir.

Les pièces de canon resteront en position.

MARCEAU.

L'attaque prévue(¹) a lieu dès le matin du 17.

17 frimaire (7 décembre) 4ᵉ année républicaine.

Rapport des événements militaires du 17 frimaire.

À 7 heures du matin, quelques coups de canon tirés dans la gorge de Médart avertissent le général Marceau que l'ennemi tentait l'attaque qu'il lui avait supposé, dès la veille, l'envie de faire dans la journée du 17 ; la continuité de son feu, une fusillade qui s'est engagée ici ont bientôt persuadé qu'il ne s'étoit pas trompé.

Le rapport qui lui est arrivé aussitôt de l'un de ses aides de camp qui était monté à cheval le matin dès 5 heures avec 100 chevaux du 2ᵉ régiment d'hussards l'a convaincu que l'attaque allait être générale sur tous les points ; cet officier annonçait qu'une colonne ennemie s'avançait avec du canon vers Rhode et qu'une autre paraissait s'engager dans la fausse route de Kaiserlautern.

La première s'est présentée à 8 heures du matin sur les hauteurs en avant de Messenheim, elle y établit ses canons en batteries et, sous la protection de leur feu, elle a fait descendre sur le revers du côté de la Glann des tirailleurs qui ont fusillé tous nos avant-postes sur la rive gauche, ceux sur la rive droite avoient déjà été repoussés jusque dans la ville ; cette colonne paroissait forte d'environ 4,000 hommes d'infanterie et de 600 chevaux.

Pendant ce temps, l'ennemi, avec une force double de la précédente, attaquoit avec chaleur le camp établi sur les hauteurs de Lautreck et Messenheim, il faisait sa manœuvre sur trois colonnes l'une sur la droite du camp pour lui couper sa communication avec Grenbach, la deuxième par la gorge à

____

(1) Voir aux Annexes (p. 188) le compte rendu du *Bulletin officiel de l'armée impériale,* traduit par de Billy.

la hauteur du village de Medart, la troisième par celle en face
d'Odenbach, cette dernière a eu de grandes difficultés à vain-
cre par la courageuse résistance que lui a opposé le chef du
2e bataillon de la 26e demi-brigade, le citoyen Guillon, qui
n'avoit cependant avec lui que cinq compagnies de son bataillon.

Livré d'un côté par les paysans, écrasé de l'autre par le
nombre il s'est déterminé à faire sa retraite sur le camp en
arrière de Messenheim et n'a perdu qu'une cinquantaine
d'hommes tués ou faits prisonniers dans un combat qui a
duré plus de quatre heures. Au moment où il s'est mis en
marche, pour se joindre aux troupes du camp de Messenheim
la gorge en face de Medart était entièrement forcée, la cavalerie même de l'ennemi était arrivée sur les hauteurs et envi-
ronnait de toutes parts le bataillon de la 26e demi-brigade
qui l'a bravement attendu jusqu'à ce qu'enfin, cédant à la
force, il a été forcé de quitter sa position.

Il est à présumer que sa majeure partie est tombée au pouvoir de l'ennemi avec des canons, on compte au nombre des
prisonniers le chef du 3e bataillon, le citoyen Piteux, officier
recommandable par la manière dont il fait servir et le sang-
froid qu'il montre dans les actions.

La gorge de Grenbach à Lautreck se trouvait tournée par
le fait à la première alarme, le chef du 1er bataillon de la
même demi-brigade, le citoyen Huard, avoit envoyé au secours
de son chef de brigade une pièce de 4 et 1 obusier qu'il avoit
sous ses ordres, mais ils n'ont pu arriver à leur destination,
la droite du camp se trouvant déjà isolée de sa position, il a
pensé alors à se retirer et, abandonné à ses propres forces,
séparé des troupes du camp par une colonne ennemie qui
s'était glissée entre elle et lui, il a manœuvré avec tant d'habileté et de prudence que, disputant le terrain pied à pied,
saisissant toutes les positions qui s'offraient à lui, il est parvenu à rentrer à Kirn sans être entamé et sans perdre un
seul homme, il a ramené avec lui toute son artillerie.

L'ennemi maître des hauteurs entre Lautreck et Messenheim n'a pas tardé à montrer une tête de cavalerie et d'in-

fanterie sur la droite du camp en arrière de Messenheim ; il était alors midi et depuis quatre heures l'artillerie en avant de ce camp avait tenu bon contre 10 pièces de l'ennemi qui tiraient sans relâche ; elle en avait démonté 3, tué beaucoup de chevaux aux autres et jusque-là n'avait regretté que 7 chevaux tués ou blessés et une pièce de 8 de l'artillerie légère.

Le général qui s'était porté de sa personne auprès de la 26e demi-brigade avait trouvé les hauteurs en arrière de Bretenheim occupées par l'ennemi, sa retraite lui étant coupée par des hussards, il s'est fait passage au milieu d'eux, son cheval seul a été atteint d'une balle.

À son retour au camp, il a appris que ses équipages venaient d'être pillés à plus d'une lieue sur ses derrières par les troupes légères ennemies qui avaient débordé toute son aile droite ; il est allé aussitôt reconnaître les faits par lui-même, il n'a plus balancé dès lors à se retirer derrière la rivière de la Naw et a pris le parti d'en tenter le passage sur le pont qu'il avait fait établir à Staudernheim.

L'ennemi continuant à faire filer des troupes sur la droite et lui ayant coupé toute communication avec Kirn, il s'est encore battu deux heures dans sa position de Messenheim.

Enfin il s'est mis en mouvement à 2 heures de l'après-midi ; ce moment fut pour l'ennemi le signal de l'attaque la plus impétueuse que l'on puisse voir ; il s'est présenté sur le front du camp et a poussé rapidement sa cavalerie par la plaine de Messenheim vers le flanc gauche du général, elle a été heureusement arrêtée par une décharge de mousqueterie que lui ont fait à tems les piquets que la 24e demi-brigade avait laissés à l'entrée des gorges ; elle a aussi été contenue par une pièce de l'artillerie légère à laquelle le général avoit assigné une position d'où elle battoit de revers le chemin par lequel elle descendoit ; ces dispositions ont procuré aux troupes légères qui occupoient Messenheim le moyen de défiler en présence de cette cavalerie et la précaution qu'elles avoient prise de rompre derrière elles le pont de la ville n'a pas permis aux troupes ennemies qui étoient de l'autre côté de marcher à leur poursuite.

Une plaine d'une assez grande étendue se trouvait à parcourir entre deux éminences au moment où la 24e demi-brigade s'y est engagée, la cavalerie s'est montrée en force sur la droite du général et a débordé sa gauche à plus de 5o toises par une nuée de tirailleurs.

Le chef de bataillon Chossat faisant fonctions de chef de brigade s'est formé en bataillon quarré, il a éloigné de ses flancs les tirailleurs par son feu de mousqueterie et avec une hardiesse et une présence d'esprit au-dessus de tout éloge, il est parvenu à se retirer dans le meilleur ordre jusque sous le feu de la 94e qui l'attendait sur la hauteur derrière lui.

Deux chemins se sont offerts là au général, tous deux conduisant à Standernheim.

Il a pris celui de la droite avec moitié de sa troupe et ordonna au général Nalèche de conduire l'autre par la route de gauche ; elles sont arrivées ensemble à la tête du pont de Standernheim où elles étoient attendues par les troupes légères aux ordres du chef de bataillon Treillard.

Cet officier avait été prévenu dès la veille par le général Marceau que, dans le cas où l'attaque qu'il prévoyait devoir se faire le lendemain auroit lieu, il eût à se retirer sur Standernheim ; les mouvements qu'a faits l'ennemi sur ses derrières pour le couper d'avec les troupes du général ne lui ont pas laissé de doute sur la nécessité de gagner promptement le pont qui lui avoit été indiqué. Il a été constamment inquiété pendant sa marche, et ne doit sa jonction avec le reste de la division qu'à sa bonne contenance et à la rupture du pont de Rhebom. Dès le matin, le général avait envoyé dans le village un bataillon d'infanterie avec ordre de protéger la rentrée de toutes les troupes qui s'y présenteroient et de lever le pont aussitôt qu'elles seroient passées.

Malgré cette précaution, l'ennemi est arrivé avec du canon sur la droite de la Glann presque aussitôt que les troupes légères à Standernheim ; il s'est emparé d'Odernheim et a poussé quelques tirailleurs jusqu'à la tête du pont qui attendoit les troupes du général, ils ont été repoussés sur Odernheim et la 31e division de gendarmerie avec le 3e bataillon de la 24ᵉ demi-brigade étant allé attaquer le village ont fondu dessus avec impétuosité et en ont chassé l'ennemi.

Toute la division ayant passé à la gauche de la Naw, le général a établi l'infanterie sur les hauteurs en arrière jetant ses troupes légères et sa cavalerie sur ses flancs et vis-à-vis des gués reconnus dans la rivière.

A minuit il a rappelé celles qui étoient encore demeurées sur la rive droite et a fait replier le pont. Il n'est pas possible encore de fixer le nombre des hommes tués, prisonniers et blessés qu'a eus l'avant-garde dans cette affaire, mais au nombre des derniers, on voit avec peine le chef de brigade du génie Dufalga, il n'avoit pas quitté pendant toute la journée le général Marceau ; plus d'une fois, il lui avait servi d'aide de camp. Sur le soir, la nuit presque déjà arrivée, il l'a suivi à l'attaque d'Odernheim où un boulet lui a emporté la jambe, les secours qui lui ont été administrés sur-le-champ et son énergie qui ne l'a pas abandonné, font espérer que la République ne perdra pas cet officier recommandable par sa bravoure, ses connaissances militaires et ses qualités morales.

L'adjudant général chef de l'état-major,
Signé : DEBILLY.

Malgré les comptes rendus pressants, l'armée n'arrive pas. Que fait donc Jourdan ? Hélas ! il a reçu l'ordre de ne pas engager le combat [1], le Directoire veut qu'on temporise sur le Rhin afin de pouvoir porter tous ses efforts vers la Belgique et vers la Hollande. Mais cette conduite est-elle possible ? De Billy discute ce point dans son précis de la campagne de 1795 [2] et en vient à conclure que les gé-

---

[1] Archives nationales A f. III. Lettre du Directoire à Jourdan, 12 frimaire.

[2] Ce précis sera donné dans la deuxième partie de cet ouvrage qui paraîtra ultérieurement.

néraux en chef ont le devoir absolu de s'opposer à l'exécution d'ordres qui doivent entraîner l'impossibilité matérielle de remplir leur mission (¹).

Quoi qu'il en soit, après l'affaire du 17 frimaire, il fallait reculer d'abord sur Standernheim, puis sur Kirn, suivant les ordres de Jourdan qui accourt de sa personne et qui envoie à marches forcées la division Klein pour soutenir la droite de Marceau vers laquelle l'ennemi s'élève par Birkenfeld et Oberstein.

Le 18 et le 19, combats d'avant-postes sur la Nahe, entre Standernheim et Kirn.

Le 20, la droite de Marceau est débordée sur la route de Trarbach et Jourdan (²) lui ordonne de se retirer sur l'ancienne position de Guemingen.

Pendant cette retraite pied à pied, la division Marceau se couvre de gloire, chaque pas est disputé avec acharnement et chaque jour les simples combats d'avant-garde coûtent si cher à l'ennemi qu'il hésite à faire un mouvement décisif.

------

(1) Comparer à l'opinion de Gouvion Saint-Cyr, tome II, page 207 : « Si on voulait alléguer les ordres formels du gouvernement, je répondrais de nouveau que les hommes qui sont à la tête des armées de 100,000 soldats sont de si hauts fonctionnaires qu'ils ne peuvent être soumis à l'obéissance passive d'un simple officier. Des généraux qui tiennent momentanément le sort d'un État entre leurs mains, non seulement ont tout droit de représentation, mais c'est aussi leur devoir de refuser de concourir à des mesures désastreuses. Aussi a-t-elle été judicieuse, la lutte que les généraux Pichegru et Jourdan ont soutenue pendant plusieurs mois pour ne pas exécuter sans moyens suffisants les plans de campagne ordonnés dès le mois de mai par Aubry et Letourneur. Eh bien ! cette lutte qu'ils avaient soutenue pendant quatre mois, ne pouvaient-ils pas la prolonger encore ? Ces généraux qui avaient rendu de si grands services pendant la dernière campagne, avaient par eux-mêmes assez de poids pour résister aux volontés ou aux caprices de ces gouvernants d'un jour. »

(2) Ordres du 19 et du 20. (Archives historiques. Dépôt de la guerre.)

Le service du chef d'état-major devient de plus en plus difficile. Les courriers sont interceptés, les ordres n'arrivent plus aux différents corps, les chevaux sont à bout de forces. Marceau court d'un bivouac à l'autre pour relever les courages par sa présence, pour suppléer au défaut de renseignements, pour mener ses troupes défaillantes au combat. Pas de nouvelles pour ainsi dire de l'armée de Rhin-et-Moselle. Pichegru semble même ne pas tenir à se mettre en liaison avec l'armée de Sambre-et-Meuse (1).

A ce moment même, le chef d'état-major général récrimine. Malgré son esprit discipliné, de Billy ne peut s'empêcher de lui dire combien la différence est grande entre les peines des autres corps de l'armée et celles que souffre la division d'avant-garde.

Du 18 frimaire (8 décembre) 4ᵉ année républicaine.

AU GÉNÉRAL ERNOUF

Nous sommes à deux de jeu, mon général, je vous envoie des états de situation un peu mal écrits, vous m'envoyez des ordres généraux illisibles et si incorrects qu'il faut partout aider à la lettre. Mon secrétaire a malheureusement fait une faute de calcul, j'ai eu tort de ne pas vérifier son addition; mais en vérité, à une avant-garde qui se bat tous les jours, on est bien excusable de glisser légèrement sur les petits détails. Les employés à votre état-major, qui ont une vie moins

---

(1) Voir Gouvion Saint-Cyr, tome II, pièces justificatives nᵒˢ 83 et 84. Lettre du 8 frimaire an IV. Marceau à Gouvion Saint-Cyr.

active, pourroient bien corriger nos fautes arithmétiques sans nous faire de votre part des reproches auxquels vous ne participez pas.

Aussitôt que notre fourgon sera retrouvé, s'il peut l'être, je vous enverrai le rapport des événements militaires depuis le 11. Il étoit prêt à partir quand nous avons été attaqués à Messenheim.

Recevez en attendant celui du 17 frimaire.

Salut et fraternité.

Signé : DEBILLY.

Depuis le 28 novembre (7 frimaire), la division Marceau a commencé son rôle de flanc-garde de droite [1]. Elle entraîne dans ses mouvements simulés vers la Sarre [2] l'ennemi qui s'est accroché à elle, tandis que, bien lentement, l'armée de Sambre-et-Meuse s'étend entre Trarbach et Stromberg. La division Poncet sera mise de nouveau à sa disposition afin de lui donner plus de liberté d'action [3].

Le registre d'ordres va nous mettre au courant des événements jusqu'à l'affaire de Sultzbach, qui arrête les progrès des Autrichiens vers Trèves.

Cette ville et les débouchés de la Moselle sont la préoccupation constante de Jourdan. Aux ponts de Trarbach et de Mulheim, il a fait exécuter des tra-

---

[1] La tête de l'armée de Sambre-et-Meuse est arrivée le 1er décembre à Kreutznach et en a délogé l'ennemi en lui faisant 600 prisonniers (division Bernadotte). Elle venait au secours de Mannheim, mais elle était elle-même dans un état pitoyable et ne pouvait mettre toutes ses forces en ligne, par suite des ordres du Directoire (Archives historiques. Dépôt de la guerre). Voir note de la page 77.

[2] Voir note de la page 77.

[3] Voir l'ordre du 24 frimaire, page 116.

vaux, car il prévoit que bientôt il faudra se replier au lieu de se maintenir comme le voudrait le Directoire. L'importance de la flanc-garde de droite est donc capitale et il en suit les opérations avec le plus grand intérêt, il y court même en personne à plusieurs reprises.

Du 19 frimaire (9 décembre 1795) 4e année républicaine.

AU GÉNÉRAL EN CHEF JOURDAN

Le général Marceau qui étoit parti pour Kirn il y a un instant me renvoie, mon général, un officier de son état-major pour m'annoncer que les avant-postes de Kirn, sur la route d'Oberstein, sont attaqués ; il en reçoit la nouvelle du général Nalèche ; il se hâte d'arriver auprès de lui et me charge de vous communiquer cette tentative de l'ennemi et vous demande de lui adresser ce soir à Sohernheim, où il sera bien certainement de retour.

Salut et fraternité.

Signé : DEBILLY.

Il est essentiel de refaire la division en artillerie à la suite des pertes du 17. De Billy s'en occupe activement :

Du 19 frimaire (9 décembre) 4e année républicaine.

AU GÉNÉRAL D'ARTILLERIE DEBELLE [1]

Le général en chef ayant demandé au général Marceau un état de ses besoins en bouches à feu et caissons, je n'ai dû lui donner la note que des effets qui manquaient alors à

---

[1] Debelle (Jean-François-Joseph), général de brigade le 6 novembre 1794 ; général de division le 16 novembre 1796.

l'avant-garde ; ainsi, mon état que vous me renvoyez n'était pas un état de situation de toute notre artillerie, mais seulement l'énoncé de ce que le général Marceau désiroit recouvrer pour être en état de marcher à l'ennemi. Je vous l'adresse de nouveau avec des réponses à chacune des questions dont vous l'avez émargé. Ces observations devenaient inutiles à faire au général en chef à qui nous disions, dans le rapport de l'affaire du 17, que partie de nos caissons étoient restés au pouvoir de l'ennemi faute de chevaux pour le traîner.

L'état de l'artillerie légère est un paragraphe particulier puisque celle d'une division se compose : 1° de l'artillerie de position ; 2° de l'artillerie légère ; 3° de celle de bataillon.

D'après le tableau que je vous avais fait passer, et quelques renseignements nouveaux pris auprès de Seguin, j'ai rempli celui que vous m'avez adressé ce matin ; vous y verrez que ce que vous nous envoyez provisoirement est bien loin de satisfaire nos besoins.

Il partira à l'instant un sous-officier pour se rendre à Kirn et se mettre à la tête des convois que vous avez dirigés sur nous.

Les 150,000 cartouches ne nous sont point arrivées cette nuit ; nous sommes à cet égard dans une extrême pénurie.

J'ai communiqué la fin de votre lettre à Seguin, afin qu'il en fît son profit.

Je vous salue.

Signé : Debilly.

Du 19 frimaire 4e année républicaine.

Situation de l'artillerie de la division aux ordres du général Marceau.

NOMENCLATURE.		EXISTANTS.	PRIS PAR L'ENNEMI.	HORS DE SERVICE.	MANQUANTS.	OBSERVATIONS.
Calibres des bouches à feu.	de 12	2	»	»	»	à l'artillerie de position.
	de 8	1	1	1	3	1 à l'artillerie légère, les 2 autres à l'artillerie de position.
	de 4	12	2	1	3	1 à la 94e, 2 à la 26e demi-brigade.
	obusier	1	»	3	3	1 à l'artillerie légère et 2 à l'artillerie de position.
Caissons.	de 12	3	»	»	3	
	de 8	6	6	»	6	
	de 4	»	»	»	»	
	d'obusier	3	1	»	9	6 à l'artillerie de position. 3 à l'artillerie légère.
	d'infanterie	6	16	»	25	y compris les 9 de la réserve.
Chevaux.	d'escadrons	»	»	»	»	
	de traits	»	»	»	»	
Voitures.	affût de rechange	»	»	»	3	1 d'obusier et 1 de 8.
	prolonge de rechange	»	»	»	»	
Nombre de bataillons		»	»	»	»	20

Certifié véritable à Sohernheim, le 19 frimaire, 4e année républicaine.

L'Adjudant général, chef de l'état-major,

Signé : DEBILLY.

ARMÉE DE SAMBRE-ET-MEUSE

AVANT-GARDE

5ᵉ DIVISION

État des besoins de l'artillerie de l'avant-garde
à la date du 19 frimaire 4ᵉ année républicaine [1]

Artillerie de position.

Pièces de 8 . . . . 2.

Que sont-elles devenues ? *On a déjà écrit au général De-*
belle pour en remplacer une
qui a été donnée à l'artillerie
légère, l'autre a été prise hier.

Caissons de 8 . . . . . . 2. *Perdus pendant la retraite.*

Caissons de 12 . . . . . 3. *Deux sont vides et partent à*
l'instant pour Kirchberg. Mais
leurs munitions manquent.

S'ils vont se remplir, ils ne manquent pas [2].

Obusiers . . . . 2. *Tous deux hors de service.*

Caissons de 4 . . . . . . 6.

Que sont-ils devenus ? . . *Perdus pendant la retraite faute*
de chevaux pour les traîner.

Artillerie de bataillon.

94ᵉ DEMI-BRIGADE

Pièce de 4 . . . . 1. *La bouche à feu a été ramenée*
hier sur son avant-train ; elle
part ce soir pour Kirchberg.

---

(1) Les questions posées dans cet état sont du général de Billy, les
réponses du commandant de l'artillerie de l'avant-garde. Cet état fut trans-
mis tel quel à l'état-major général avec quelques observations faites par de
Billy et sa signature.

(2) Observation de la main de l'adjudant général de Billy.

Caissons de 4 . . . . 2. *On renvoie les caissons vides à Kirchberg pour y être remplis de munitions. Mais leurs munitions manquent.*

Ils ne manquent pas puisqu'ils vont se remplir (¹).

Caissons d'infanterie. . . 3.

Que sont devenus les 2 autres ? . . . . *Perdus. — Le seul qui reste part à l'instant pour Kirchberg.*

26ᵉ DEMI-BRIGADE

Pièces de 4 . . . . 2. *Prises par l'ennemi.*

Caissons de 4 . . . . . . 2.

Que sont-ils devenus ? . . *Pris par l'ennemi avec les pièces.*

C'est assez naturel pour qu'on le devine sans efforts (¹).

24ᵉ DEMI-BRIGADE

Caissons de 4 . . . . . . 2.

Caissons d'infanterie . . . 2.

Que sont-ils devenus ? . . *Abandonnés dans la retraite faute de chevaux.*

Artillerie légère.

Est-ce un extrait de la somme des besoins dans le 1ᵉʳ paragraphe ? . . . *Non, c'est un état particulier des besoins pour l'artillerie légère.*

Obusier . . . . 1. *Celui qui est hors de service est parti pour Trarbarch.*

Qu'est devenu l'autre ? . . *L'autre est en position à Kirn.*

Caissons de 12 . . . . . . 3.

Que sont-ils devenus ? . . *Ils sont avec leurs obusiers*

---

(1) Observation de la main de l'adjudant général de Billy.

Pièces de 8. . . . . . .   1. *Celle qui est hors de service
a également été renvoyée à
Trarbach.*

Qu'est devenue l'autre ? .   *Elle est restée à la compagnie et
est en position sur les hauteurs
en arrière de la Naw.*

Caissons de 8. . . . . .   2.

Que sont-ils devenus ? . .   *Perdus faute de chevaux.*

*Le général Debelle déterminera lui-même ce qu'il juge à
propos de mettre en réserve en caissons de tous calibres à la
suite de l'avant-garde.*

*Il existe un parc de réserve à cette division ; je n'en con-
nais pas encore le contenu.*

**Ni moi non plus, il est trop disséminé pour que j'en
puisse avoir une situation exacte** (¹).

Salut et fraternité.

Signé : DEBILLY.

La subsistance de la troupe est toujours l'un des
soucis les plus écrasants du commandement, qui
est forcé, en raison de l'incurie des administrations,
d'entrer dans les plus grands détails à ce sujet :

Du 19 frimaire (9 décembre) 4ᵉ année républicaine.

AU GÉNÉRAL DE BRIGADE DAURIER (²)

Vous pouvez, mon général, disposer pour la subsistance
de votre troupe des villages ci-dessous :

Montzingen, Waldboelcheim, Boos et Thal-Boelheim qui
sont chargés de fournir chaque jour : le premier 400 pains,
le deuxième 400, le troisième 450 et le quatrième 250.

---

(1) Observation de la main de l'adjudant général de Billy.

(2) Daurier (Charles, baron), général de brigade le 13 juin 1795, lieutenant général le 6 décembre 1820.

Chaque pain est de trois livres. Envoyez-y dès ce soir, pour surveiller la fabrication et vous envoyer le pain fabriqué, les détachemens que vous jugerez convenables.

Ci-jointes les lettres du bailly de Sohernheim au bourg-mestre de chacun de ces endroits.

Vous pouvez aussi ordonner à la 172ᵉ demi-brigade de faire prendre ce soir en ville, au nº 190, 102 pains de trois livres.

La viande se prendra à Sohernheim.

Salut et fraternité.

DEBILLY.

Les mouvements suivants sont ordonnés en pré-vision d'une marche en avant que le général en chef désire exécuter(¹) pour gagner le temps de terminer les travaux entrepris à Trarbach :

Du 19 frimaire (9 décembre) 4ᵉ année républicaine.

AU COMMANDANT DE LA GENDARMERIE

Votre troupe se tiendra prête à partir avec armes et ba-ges ; aussitôt qu'elle aura été relevée dans ses postes et son cantonnement de Sohernheim, elle se mettra en marche pour se rendre à Nusbaum où elle restera jusqu'à nouvel ordre ; elle doit y relever des troupes qui attendent son arrivée pour se porter sur Montzingen ; elle gardera avec surveillance la rive gauche de la Naw, jettant ses postes vis-à-vis ceux de l'ennemi et surtout en face des gués qu'elle se fera indiquer.

Salut et fraternité.

Signé : DEBILLY.

---

(1) Ordres de l'armée et lettres au Directoire. Jourdan. (Archives histo-riques. Dépôt de la guerre. Sambre-et-Meuse.)

Du 19 frimaire (9 décembre) 4e année républicaine.

AU COMMANDANT DES TROUPES CANTONNÉES A NUSBAUM

Vous attendrez l'arrivée de la gendarmerie qui doit vous arriver à Nusbaum. Vous lui laisserez tous les renseignements dont elle pourroit avoir besoin pour se garder sur les bords de la Naw, et vous partirez de suite avec votre troupe pour Montzingen où vous resterez jusqu'à nouvel ordre; vous vous y garderez avec précaution, jetant vos postes vis-à-vis ceux de l'ennemi et surtout vis-à-vis des gués que vous vous ferez indiquer.

Salut et fraternité.

Signé : DEBILLY.

Du 20 frimaire (10 décembre) 4e année républicaine.

AU GÉNÉRAL NALÈCHE

Veuillez bien ordonner, Général, au citoyen Chossat de se tenir prêt à partir avec sa demi-brigade pour Morbach ; il s'y établira militairement et poussera des patrouilles fréquentes sur les points que l'ennemi paroîtra occuper ; il sera aussi chargé de la défense des ponts sur la Moselle, et aura sous ses ordres deux escadrons du 4e régiment de hussards que j'avertis de partir au reçu de la présente.

Je vous préviens que la 24e demi-brigade va être remplacée par la 94e qui part à l'instant du camp de Standernheim ; aussitôt que cette dernière sera arrivée, la 24e se mettra en route.

Les deux escadrons pourront précéder sa marche d'une heure pour l'éclairer et lui rendre compte de ce qu'ils apercevront ; j'ordonne à l'officier qui les commande d'aller prendre les ordres du chef de bataillon Chossat.

Salut et fraternité.

Signé : DEBILLY.

Du 20 frimaire (10 décembre) 4ᵉ année républicaine.

AU GÉNÉRAL DAURIER

Vous ordonnerez sur-le-champ, général, au chef de la 94ᵉ demi-brigade de partir avec armes et bagages pour se rendre à Kirn où il recevra de nouveaux ordres du général Nalèche.

Trois compagnies de grenadiers descendront du camp pour prendre cantonnement à Soherheim.

Ce mouvement doit se faire sans que l'ennemi s'en aperçoive ; il faudra cette nuit faire conserver la même ligne de feux, et que les bataillons qui se déplaceront le fassent dans le plus grand silence ; ce qui restera au camp tiendra demain le même front de bandière que celui occupé aujourd'hui.

Le camp prendra les armes demain à 5 heures précises et ne les quittera que par votre ordre.

La demi-brigade qui part cette nuit pour Kirn est assurée d'y trouver du pain. En conséquence, ce qui nous reste ici suffit à une distribution de deux jours. Ordonnez-le pour cette nuit.

Si les deux escadrons du 4ᵉ ne sont pas décidément acheminés sur Morbach, faites partir deux escadrons du 11ᵉ, et dites à ceux du 4ᵉ de rentrer à Kirn.

Salut et fraternité.

Signé : DEBILLY.

Du 21 frimaire (11 décembre) 4ᵉ année républicaine.

AU CHEF DE BATAILLON CHOSSAT

La nature de la position que vous allez occuper, mon cher Chossat, et les ponts que vous avez à défendre sur la Moselle, exigent de votre part la continuation de l'activité et de la surveillance que vous mettez partout dans votre service.

Vous ne manquerez pas d'ordonnance, ayant deux escadrons à vos ordres ; j'espère donc que vous voudrez bien communiquer avec moi tous les jours ; j'aurai, par ce moyen, l'avantage de connaître très exactement tous les événements militaires, et de recevoir aussi très souvent de vos nouvelles.

Comptez, mon cher Chossat, sur notre amitié comme nous comptons sur votre zèle infatigable.

Salut et fraternité.

DEBILLY.

Du 21 frimaire (11 décembre) 4e année républicaine.

AU GÉNÉRAL DAURIER

Votre brigade, général, et le 12e régiment de chasseurs à cheval, qui reçoit à l'instant l'ordre de se rendre en avant de votre camp, se mettront en marche demain matin à 2 heures précises pour se rendre à Guemingen; vous vous dirigerez par la ferme de Steinlet jusqu'à Eckweiller; au moment de votre départ vous ferez rentrer tous vos postes dont vous laisserez le commandement à un officier ferme et intelligent; il formera votre arrière-garde, conjointement avec le 12e régiment de chasseurs et deux pièces de l'artillerie légère. Arrivé à Ecweiller vous vous mettrez en bataille, tant pour faire reposer votre troupe et faire rétablir l'ordre qui aurait pu être troublé par une marche de nuit, que pour être à portée de secourir la division du général Poncet qui vient de Kreutznach par Sponheim si elle était attaquée, et pour couvrir son flanc dans le cas où l'ennemi chercherait à l'inquiéter.

Après être resté une heure dans votre position d'Ekweiller, si vous n'avez rien entendu qui puisse vous faire croire que le général Poncet soit attaqué, vous vous mettrez en marche pour vous rendre à Guemingen, où vous prendrez la même position que vous connaissez sur les hauteurs en arrière de cette ville.

Aussitôt votre arrivée, vous étendrez vos postes sur votre droite, de manière à vous lier avec la division du général Marceau qui campera à Woppert.

Vous établirez votre artillerie de manière à protéger les troupes qui pourraient déboucher de Kreutznach à Guemingen, et à défendre votre position contre tout ce qui pourrait venir de la part de l'ennemi. Je vous préviens que dès que vous aurez repris la position de Guemingen vous rentrerez aux ordres du général Poncet.

Vous ordonnerez, mon général, aux chefs des corps de ne laisser aucune sauvegarde, et de faire relever tous les détachements que nous avons envoyés pour faire rentrer le pain.

On ne battra point la caisse pour prévenir la troupe du mouvement qu'elle devra exécuter.

Salut et fraternité.

Signé : DEBILLY.

Ordre de la division (23 frimaire).

Donnez ordre au général Poncet (1) de partir demain à 7 heures du matin du camp de Woppert pour prendre celui de Guemingen. Ce général relèvera les postes du général Marceau établis à Kolweiller, Mengerscheildt et Schlincheid. Ce général laissera au camp de Woppert ses avant-postes, qui le rejoindront aussitôt qu'ils seront relevés, et un officier afin d'en indiquer la position.

Ordre au général Nalèche de partir demain à 7 heures du camp de Guemingen avec ses neuf bataillons et la 31e division de gendarmerie, pour se rendre à celui de Woppert ; il s'y établira et relèvera les postes du général Poncet ; il laissera des piquets au camp de Guemingen avec un officier qu'il lui ramènera aussitôt qu'ils seront relevés.

Ordre à Treillard de faire partir demain à 4 heures du matin le 4e régiment d'hussards de ses cantonnemens, et de lui faire prendre les cantonnemens de Kirn, où il placera quatre escadrons, et les autres à Kirnburg et Sulzbach, et le 11e régiment de chasseurs pour prendre les cantonnements de Thaun, Neu-Thaun et Martenstein.

Le 2e régiment de hussards, aussitôt qu'il sera relevé, prendra les cantonnements d'Oberstein où il restera quatre escadrons, et Berkenfeld où il y aura un escadron.

-----

(1) Voir page 101. Poncet est rendu à Marceau.

Le colonel Treillard est prévenu que le 12ᵉ régiment n'est plus sous ses ordres, mais qu'il doit lui donner celui de se rendre demain dans les cantonnements de Kohveiller, Mengerscheild et Guemingen où il en recevra de nouveaux du général Poncet, sous les ordres duquel il passe.

Treillard est prévenu qu'il commande les avant-postes de l'avant-garde, et que la 9ᵉ demi-brigade d'infanterie légère et le 3ᵉ bataillon de la 21ᵉ demi-brigade sont spécialement sous ses ordres. En conséquence, il donnera ceux nécessaires pour que le 3ᵉ bataillon de la 9ᵉ demi-brigade occuppe demain les postes de Thaun, Simeren-an-Thaun et Martenstein. Le 2ᵉ bataillon occuppe Kirn et le débouché principal en avant de Kirn, de l'autre côté de la Nawe. Le 1ᵉʳ bataillon Kirnburn, Soltzbach et Fichbach. Le 3ᵉ bataillon de la 21ᵉ demi-brigade d'infanterie légère, Oberstein, où il laissera sept compagnies et Berkenfeld, où il en portera deux.

Tous ces corps doivent avoir, celui de Martenstein, posté des gardes sur la route de Kreutznach et les autres au delà de la Nawe sur les principaux débouchés qui aboutissent à leurs cantonnements. Ce mouvement doit se faire avec précision et ordre, et de manière à ne donner à l'ennemi aucune espèce de prise ni sur les troupes, ni sur les cantonnements. En conséquence, il faut que le tout soit calculé sur les distances à parcourir. Le poste de Martenstein correspondra avec ceux de Haeweiller, Ipcheid et Perfeld, qui seront établis après-demain par la division de Poncet.

La réserve d'artillerie et d'ambulance et la poste aux lettres seront à Morbach, route de Traarbach à Birkenfeld et Oberstein.

Le quartier général sera demain à Kirn. Le général y sera de sa personne.

Après-demain, le général Nalèche se mettra en marche à 7 heures du matin du camp de Woppert, et se dirigera sur Kirn ; il marchera militairement et recevra en route de nouvelles instructions.

MARCEAU.

Le 21, la 24ᵉ et le 11ᵉ régiment de chasseurs avec un bataillon d'infanterie avaient occupé Morbach avec ordre de couvrir les ponts de Mulheim et de Trarbach et avaient eu une affaire dans laquelle l'avantage était resté de leur côté [1].

Le 22, Marceau reçut l'ordre de Jourdan de retirer le gros de sa division derrière le Sohnerwald, ce qui indiquait suffisamment l'intention de ne pas pousser à fond le mouvement entrepris par la tête de la division [2]. Jourdan se porte d'ailleurs lui-même à Rhainnen le 23.

Poncet, qui reprend sa place dans le corps de Marceau, n'est pas dans une situation brillante. Il vient de supporter un combat et n'a pas de pain.

Au quartier général à Rorbach, le 24 frimaire an 4ᵉ de la République.

LE GÉNÉRAL PONCET AU GÉNÉRAL MARCEAU

Hier, à 9 heures du matin, mon cher Général, j'ai attaqué l'ennemi qui occupait les hauteurs sur la route de Kirn. La fusillade s'est aussitôt engagée entre lui et mon avant-garde, qui a été soutenue par quatre bataillons de la brigade du général Bonnet. Les deux autres bataillons de cette brigade sont restés en réserve sur le mamelon en avant de Woppert.

Le général Schlacter, conformément à votre instruction, a longé le ravin de Schmithon avec trois bataillons et trois

---

(1) Rapport du chef d'état-major général au Directoire. (Archives historiques. Dépôt de la guerre. Sambre-et-Meuse.)

(2) Ce mouvement avait aussi pour but de permettre la liaison de la division Marceau avec la division Poncet destinée à la renforcer. (Ordres de l'armée du 23 et du 24 frimaire. Archives historiques. Dépôt de la guerre.)

escadrons. L'ennemi a réussi à reprendre les hauteurs d'où il l'avait d'abord chassé. Ce mouvement rétrograde a été occasionné par la vivacité de l'attaque qu'a fait l'ennemi sur la droite. J'ai tout mis en usage pour faire revenir à la charge, malgré la fusillade la plus vive et une canonade très forte ; six bataillons ont repris les hauteurs à la bayonnète. L'infanterie, la cavalerie et l'artillerie ont attaqué l'ennemi avec une intrépidité rare. La fusillade a duré jusqu'à la nuit ; on peut évaluer notre perte à vingt hommes tués et deux cents blessés.

Le général Schlacter a pris position avec deux bataillons sur la crête du bois de Sundwald qui est en avant de Brouchet. Il a placé un troisième bataillon sur le chemin d'Oberhausen. La droite de ce bataillon se prolonge jusqu'à la rivière d'Honnenbach. Ses postes correspondent avec ceux de mon avant-garde. Il y a un bataillon sur la hauteur en avant de Pontebach, ainsi qu'un escadron du 12ᵉ régiment de chasseurs. J'ai recommandé au chef de ce bataillon de communiquer avec les postes de gauche de votre division et directement avec vous.

Je vous préviens que le général Bernadotte m'a redemandé ses trois bataillons. Je les lui ai renvoyés ainsi que les escadrons de dragons qu'il m'avait envoyés. J'ai absolument besoin du 13ᵉ régiment de cavalerie. Sans lui, je serais très embarrassé. Car c'est l'attaque, le 14ᵉ régiment de chasseurs alors est très faible.

Dès qu'il y aura quelque chose de nouveau, comptez sur mon exactitude à vous en instruire. L'ennemi me forcera difficilement dans ma position que je ne quitterai qu'à la dernière extrémité.

Je n'ai pas de pain ; vos commissaires sont plus intelligents que le mien ; je vous prie de donner vos ordres pour qu'ils ne m'enlèvent pas tout. Les soldats de ma division n'ont pas de pain depuis hier.

Salut et amitié.

Signé : Poncet.

P.-S. — Vous avez dû recevoir ce matin, par un officier

du 1er régiment de dragons, le rapport de ce qui s'était passé hier dans la journée et l'emplacement que les troupes ont pris hier au soir.

Du 24 frimaire (14 décembre) 4e année républicaine.

Rapport des événements militaires de la 5e division du 23 frimaire 4e année républicaine.

Le général Marceau avec le général en chef ont fait une reconnaissance entre Rhainnen et Stiphausen; ils ont rencontré l'ennemi qui a présenté une force considérable en infanterie et en cavalerie; ils se sont retirés sur les hauteurs en arrière de Hausen et y ont été poursuivis.

Le général Marceau a fait charger la cavalerie ennemie par la sienne avec succès; d'abord l'ennemi a eu l'avantage un moment, mais il a été bientôt repris par l'avant-garde. Cependant, quelques pièces de canon qu'il avait amenées pour soutenir sa cavalerie lui ont assuré la libre possession du plateau.

L'avant-garde l'a abandonné pour occuper les hauteurs en arrière d'Oberkirch et de Hausen.

L'adjudant général chef d'état-major,

Signé : DEBILLY.

Ainsi préparées, les opérations amenèrent le combat de Sultzbach :

Du 24 frimaire (14 décembre) 4e année républicaine (1).

Rapport des événements militaires du 24 frimaire.

D'après sa reconnaissance de la ville, le général avait ordonné au 2e bataillon de la 9e demi-brigade d'infanterie lé-

---

(1) Le même jour, Bernadotte écrit à Marceau qu'il est à Simmern. (Archives historiques. Dépôt de la Guerre.)

gère et à la 31ᵉ division de gendarmerie d'occuper dans la nuit les villages d'Oberkirch et d'Hausen sur la Biber. Le 24, à la pointe du jour, le reste de sa division s'est mis en marche du camp de Woppert pour venir s'établir sur les hauteurs en arrière de ces deux villages.

La 26ᵉ a pris position vis-à-vis d'Oberkirch, la 94ᵉ vis-à-vis Hausen; elles étaient séparées par un bois dans lequel il a fait jeter quatre compagnies d'infanterie. L'artillerie de bataillon et celle de position ont été placées dans les points les plus avantageux pour enfiler ou écharper les deux ponts sur la Biber et les deux défilés qui, partant de chacun de ces villages, s'élèvent par une pente très rapide sur les hauteurs en avant de Rhainnen et s'y réunissent sur un vaste plateau qui en couronne la crête pour conduire par un seul débouché à ce village. Les deux demi-brigades, dans leur position, avaient sur leur front la petite rivière de la Biber, à droite et à gauche un ravin et, sur leur derrière, un chemin d'un assez bon fond qui les liait avec le camp de Woppert. Celui-ci, où il n'était resté pour le couvrir que le 1ᵉʳ bataillon de la 9ᵉ demi-brigade légère, a été aussitôt occupé par moitié de la division du général Poncet (¹) qui est entrée sous les ordres du général Marceau; l'autre moitié est restée à la position de Guemingen jusqu'à ce qu'elle y ait été relevée par la division du général Bernadotte partie d'Argenthal dans la nuit.

Le général, voulant emporter les hauteurs en arrière de Rhainnen sur lesquelles l'ennemi avait des postes, avait fait monter à cheval dès le grand matin sa cavalerie légère.

Comme, la veille, l'ennemi avait fait la démonstration d'une nombreuse cavalerie, le général en chef avait mis sous les ordres du général Marceau la division de cavalerie composée des 6ᵉ, 8ᵉ, 10ᵉ et 13ᵉ régiments, qui s'est d'abord établie avec l'artillerie légère sur les hauteurs en arrière d'Oberkirch.

Les avant-postes ennemis, vivement assaillis par ceux du 4ᵉ hussards, ont bientôt perdu du terrain sur le plateau; ils

---

(¹) Ordre de l'armée 23 frimaire. (Archives historiques. Dépôt de la guerre.)

ont cependant continué à défendre pendant près de deux heures le revers du côté de Rhainnen ; enfin, l'arrivée de trois compagnies du 2ᵉ bataillon de la 9ᵉ demi-brigade légère, qui se sont brusquement précipités sur eux, les a culbutés jusqu'au fond du ravin ; ils ont été poursuivis jusqu'au delà du village et auraient abandonné beaucoup de prisonniers sans les difficultés du terrain qui gêne beaucoup les manœuvres de la cavalerie.

Celle de l'ennemi, prête à les soutenir, n'a pas osé se lancer sur les nôtres ; elle était attendue par une première ligne formée de cinq escadrons du 2ᵉ et de quatre escadrons du 4ᵉ hussards et par une seconde composée de la division de cavalerie. Cette dernière s'était postée sur le plateau dès le moment où l'ennemi avait commencé à l'évacuer. Son aspect et sa bonne contenance ont décidé l'ennemi à la retraite sur les hauteurs en avant de Rhainnen ; elle a été très inquiétée par l'artillerie légère qui lui a tué quelques hommes et quelques chevaux ; le village et les hauteurs en avant sont restés en notre pouvoir. Pendant cette attaque de la part du général Marceau, qui n'a probablement fait que prévenir celle méditée dans sa reconnaissance de la veille, l'ennemi en essayait une autre vis-à-vis Woppert et faisait déboucher un régiment de cavalerie par la trouée de Diffenbach, entre Argenthal et Guemingen ; les troupes, parties du premier point pour se porter au second, l'ont fait repentir de sa témérité.

A Woppert, l'ennemi a d'abord présenté sur la lisière du bois quatre pièces de canon, soutenues par quelques escadrons et bataillons. Ses tirailleurs se sont avancés jusqu'à quatre cents toises du camp ; ils ont été forcés de se replier par ceux qu'on leur a opposés et par le feu d'un obusier et d'une pièce de 8, qui ont tiré dessus à mitraille.

Une des pièces de 12 du général Marceau et une troisième pièce d'artillerie légère et quelques autres des bataillons étant survenues, elles ont dirigé leur feu sur celles de l'ennemi et leur ont imposé silence ; elles sont rentrées dans le bois, abandonnant plusieurs de leurs gargousses qui ont été trouvées dans leurs batteries, et n'ont pas reparu de toute la soirée; la cavalerie ennemie s'est également retirée sur la route d'Odenhausen, tenant la lisière du bois en arrière d'une plaine qui se trouve au milieu de la forêt; ses tirailleurs à pied flanquant sa droite et embusqués derrière les arbres qui bordent cette même plaine.

Le général Marceau a ordonné à l'infanterie de se répandre également dans les arbres pour contenir ces tirailleurs et a, en même temps, fait avancer trois escadrons du 12ᵉ régiment de chasseurs à cheval qui se trouvaient à portée et a placé sur ses ailes deux bataillons d'infanterie de la division du général Poncet.

Le 12ᵉ a tenté une charge contre deux divisions d'hussards de Blankenstein et de Wurmser. Mais l'ennemi, étant parvenu à déborder sa gauche après une mêlée dans laquelle il est perdu peu de monde de part et d'autre, il s'est retiré et rallié aussitôt avec une promptitude admirable; les hussards se sont mis à sa poursuite et ont bientôt lâché prise en voyant avancer sur eux les deux bataillons d'infanterie.

A l'instant est arrivé le 7ᵉ de dragons, que le général avait fait appeler, et le 2ᵉ d'hussards, auquel il avait donné l'ordre de se poster sur ce point. Paraissant déjà sur les hauteurs de Woppert, prêt à entrer dans le bois, l'ennemi a cru prudent de se replier et, après avoir perdu plus d'une demi-lieue au delà du point sur lequel il s'était montré le matin, il a de nouveau abandonné sa dernière position.

La nuit, qui survenait, a empêché de le poursuivre et de reconnaître le camp qu'il a tenu pendant la nuit.

Cette journée, dans laquelle l'ennemi a, sur sa droite, échoué dans ses projets et va, à sa gauche, abandonner sa première position, paraît jusqu'ici coûter à l'avant-garde une centaine de blessés, parmi lesquels on compte un officier du 12ᵉ régiment de chasseurs; on n'a pas trouvé de morts sur le champ de bataille; on ignore la perte de l'ennemi.

Vers les deux heures, une canonade et une fusillade se sont fait entendre du côté de Morbach. Le général a d'abord présumé que l'ennemi avait effectué une attaque sur les troupes de sa division qui, sur ce point, couvrent les ponts de Mulheim et Trarbach. Le soir, il a appris que le chef de bataillon Chossat, qui les commande, entendant de son côté qu'un combat était engagé entre l'ennemi et le reste de l'avant-garde, s'était posté avec quelques forces et du canon pour inquiéter la gauche de l'ennemi ; cette diversion, bien sentie par le chef de bataillon Chossat, a dû produire son effet et a nécessairement contenu les troupes opposées à l'avant-garde du général Marceau.

À la nuit, il a pris ses campements et cantonnements ainsi qu'il suit :

Division du général Marceau.

2ᵉ régiment d'hussards cantonné à Hausen.

4ᵉ régiment d'hussards cantonné à Oberkirch.

Le 1ᵉʳ bataillon de la 9ᵉ demi-brigade légère avec la gendarmerie sur les hauteurs en arrière de Rhainnen, gardant le ravin.

Le 2ᵉ bataillon de la 9ᵉ demi-brigade sur celles en avant d'Oberkirch et à Hausen.

26ᵉ demi-brigade campée sur les hauteurs en arrière d'Oberkirch avec l'artillerie légère.

94ᵉ demi-brigade avec l'artillerie de position sur les hauteurs en arrière d'Hausen.

Les cinq bataillons d'infanterie et les cinq escadrons de cavalerie aux ordres du chef de bataillon Chossat conservent leurs positions à Morbach, etc.

Division du général Poncet.

12ᵉ régiment de chasseurs à cheval à Rhorbach.

7ᵉ régiment de dragons à Dichseidt.

39ᵉ, 87ᵉ, 123ᵉ, 172ᵉ demi-brigades au camp de Woppert avec l'artillerie légère et celle de position, la cavalerie poussant des piquets de cinquante hommes sur toute la lisière du bois et l'infanterie jetant en avant de son front deux bataillons avec leurs pièces de canon pour défendre les débouchés sur le camp.

La division de cavalerie.

6ᵉ régiment à
8ᵉ régiment à
10ᵉ régiment à
13ᵉ régiment à

L'adjudant général chef de l'état-major,
Signé : DEBILLY.

Il est curieux de comparer le récit des Impériaux à celui des Français (¹).

ARMÉE DE SAMBRE-ET-MEUSE

———

5ᵉ DIVISION

Moselfeldt, 26 frimaire an 4 de la République française une et indivisible.

CHOSSAT, COMMANDANT LA 24ᵉ AU CAMP DE MOSELFELDT ET ENVIRONS,
AU GÉNÉRAL DE DIVISION MARCEAU

Je vous dirai, mon général, qu'hier vingt-cinq du courant, nous avons eu une grande bataille, après avoir été forcés à une retraite jusqu'à Moselfeldt. Nous avons été attaqués à deux heures par une force très supérieure. Mais avec la fermeté des troupes que j'ai l'honneur de commander, cette retraite s'est effectuée en présence de votre aide de camp Noizet (²), j'imagine qu'il vous en aura rendu compte, car pour moi je n'aurais pu le faire jusqu'à présent, car j'ai eu beaucoup d'occupations : la bataille d'hier n'a fini qu'à sept heures du soir ; mais aujourd'hui, pour me venger, je les ai attaqués à trois heures précises de l'après-midi avec trois escadrons

———

(1) Voir aux Annexes (p. 190), *Bulletin officiel de l'armée impériale.*
(2) La lettre originale de Noizet à Marceau est au dossier des autographes. (Archives de M. de Billy.)

dont deux du 11ᵉ régiment. Le 1ᵉʳ du 4ᵉ d'hussards, trente
hommes d'infanterie légère, de la 9ᵉ demi-brigade d'infanterie légère, le 2ᵉ bataillon de la demi-brigade que je commande. Toutes ces troupes se sont comportées exactement
comme je le désirois avant mon attaque avec deux pièces
de canon. Nous les avons repoussés jusques sur les hauteurs
de Morbach à une position qui était occuppée il y a deux
jours par un des bataillons de la 24ᵉ qui est à distance à peu
près une lieue et demie de Moselfeldt. La cavalerie étoit
commandée par l'ami Chevrau, et le bataillon commandé
par le capitaine Villeret, commandant notre second bataillon,
qui n'a cessé de faire des manœuvres imposantes à son ennemi
depuis le départ de Moselfeldt jusqu'à ce que je lui ai donné
ordre de prendre des positions dans trois différents endroits
de cette marche. Nous avons pris un hussard de Blanckenstein
avec son cheval. Nous n'avons perdu personne, malgré qu'il
y ait eu une fusiliade assez vive de part et d'autre. Je n'ai
fait tirer sur l'ennemi qu'à peu près douze ou quinze coups
de canon. Je tàcherai, autant qu'il sera possible, de ne pas
jetter la poudre aux moineaux ; l'ennemi n'étoit pas en force,
je l'estime à peu près à deux cents hommes d'infanterie, Man-
teaux Rouges et à peu près deux escadrons de cavalerie.

Je vous dirai aussi, mon général, que j'ai perdu beaucoup
de grenadiers, dans la journée d'hier jusqu'à ce moment, je
ne pourrois pas vous en dire le nombre, mais d'après le rapport qui m'a été fait non par écrit, il ne m'en reste pas plus
de soixante des trois compagnies.

J'avais oublié de vous dire qu'après avoir repoussé l'ennemi aux hauteurs de Morbach, j'ai repris ma position à
Moselfeldt à six heures du soir, position très avantageuse,
mais je n'ai pas assez d'artillerie, n'aïant que mes trois pièces
de bataillon ; je crois qu'une pièce d'artillerie légère et un
obusier seroit très nécessaire, car l'ennemi en a puisqu'il m'a
conduit dans cette position avec deux pièces de 13 et un
obusier. A son attaque il m'a fait voir six pièces.

Salut et respect.

CHOSSAT.

Rapport des événements militaires du 25 au 26 frimaire.

Les découvertes du 25 au matin sur la gauche ont rapporté
que l'ennemi n'étoit point sorti du point sur lequel il avoit
été acculé la veille.

A la droite le général lui-même a reconnu que tous les
postes voisins de Rhaunen étoient évacués et que l'ennemi
se tenoit sous les armes dans son camp à une lieue environ
du sien, mais n'annonçant aucune intention d'attaquer dans
le jour.

Il paraît que l'affaire de la veille et le courage qu'y avoient
montré les troupes aux ordres du général Marceau, l'avoit
dégoûté de tenter une entreprise de ce côté et qu'il vouloit
rester sur la défensive.

Cependant la visite fréquente que faisoient quelques troupes
ennemies à celles de la division qui étoient chargées de défendre Morbach et une forte canonnade qu'on entendoit encore vers les deux heures de l'après-midi donnant à craindre
que les ponts sur la Moselle ne fussent insultés, le général
en chef[1] s'est déterminé à faire attaquer l'ennemi pour s'emparer des débouchés de Kirn et d'Oberstein sur Trarbach et
prêter la main par cette manœuvre à la partie de ses troupes
qui, à Morbach, gardoit celui de Birkenfeld .

La nouvelle reçue dans la nuit du 25 que l'ennemi avoit
réussi à entamer la droite du chef de bataillon Chossat et à
la repousser jusqu'à Mulheim a rendu cette opération inévi-
table.

On ne saurait trop louer la résistance opposée par le chef
de bataillon Chossat à l'attaque de l'ennemi.

Le combat a duré cinq heures et la retraite s'est effectuée

---

(1) Ordre de l'armée, 15 décembre. Jourdan avait fait construire un camp
retranché à Trarbach. Le 17, il reçoit du Directoire l'ordre d'attirer les
Impériaux dans la trouée du Mont-Tonnerre, ordre devenu inexécutable.
(Voir *La discussion de Jomini*, p. 275, t. VII, 1795.)

sur Mantzlerfeldt en si bon ordre que l'ennemi n'a pas osé le poursuivre.

Le 26, à la pointe du jour, le général Marceau a rassemblé sur les hauteurs de Rhaünnen toute sa cavalerie et son infanterie à laquelle il a ajouté la brigade du général Daurier, remplacée dans la division Poncet par six bataillons tirés de celle du général Bernadotte, et il est parti à huit heures sur trois colonnes.

Celle de droite, commandée par le général Nalèche, composée du 2ᵉ régiment d'hussards, du 2ᵉ bataillon de la 9ᵉ demi-brigade d'infanterie légère, d'une demi-compagnie d'artillerie légère, des 26ᵉ et 94ᵉ demi-brigades d'infanterie et de trois escadrons de dragons, s'est dirigée par Styphausen, chassant vivement l'ennemi devant elle, y a pris position pour attendre de nouveaux ordres.

Celle du centre, commandée par le général Marceau et composée du 4ᵉ régiment d'hussards et trois compagnies du 7ᵉ régiment de dragons, d'une demi-compagnie d'artillerie légère, de la brigade du général Daurier, de deux pièces de 12 et de la division de grosse cavalerie, s'est dirigée sur Hottenbach où elle a pris position, la droite à ce village et la gauche à celui de Sultzbach, l'avant-garde et l'artillerie légère au delà du bois qui se trouve en avant.

Celle de gauche, commandée par le général Poncet, partant de Woppert, s'est dirigée par la route de Kirn, la brigade du général Schlacter ayant l'ordre particulier de se porter sur Schmitbourg, d'en longer le ravin et de venir prendre position à Sultzbach pour tourner l'ennemi.

Cette manœuvre a été très utile à la gauche de la colonne du centre.

Cette dernière étant arrivée à hauteur de celle de droite, le général Marceau a ordonné au général Nalèche de se porter sur Brunckweiller et de s'y établir à cheval sur la route de Trarbach à Oberstein, un bataillon du régiment de Pellegrini avec deux pièces de canon et quelques chevaux légers se sont présentés pour lui disputer le passage. Ses troupes légères et un bataillon de la 26ᵉ demi-brigade l'ont attaqué avec tant

de chaleur qu'en un instant ils l'ont mis en pleine déroute ;
les pièces de canon sont tombées à leur pouvoir avec près de
trois cents prisonniers dont un major et cinq autres officiers.
Le général Nalèche est arrivé le soir à la position qu'il a
choisie, la droite à Bruckweiller et la gauche vers Schauren,
ayant ordre de jeter des partis vers Morbach pour y flairer
l'ennemi, et de couvrir les troupes du chef de bataillon
Chossat.

Le général, dont l'intention avoit été d'abord de se porter
plus en avant, a cru prudent de couvrir sa position tant parce
qu'elle lui assuroit le débouché de Kirn à Trarbach que
parce que la colonne de gauche, par son feu continuel de
mousqueterie, paroissait éprouver une grande résistance de
la part de l'ennemi ; elle avoit à combattre des forces supérieures qu'elle a repoussées deux fois avec courage, tuant
beaucoup de monde à l'ennemi et faisant quelques prisonniers dont un lieutenant-colonel.

Un renfort d'un bataillon lui étant arrivé au moment où
elle étoit vivement chargée, elle a de nouveau repris son terrain et s'y est établie en présence de l'ennemi qui n'a plus
osé l'y inquiéter ; il a partout été contenu par le mouvement
de deux bataillons du général Schlacter que le général Marceau a fait partir de Sultzbach pour se jeter sur la gauche de
l'ennemi. Le général Poncet a pris position sur la lisière du
bois en arrière d'Oden-Hausen, sa droite vers Toulebach.

Il a jeté un bataillon en avant de ce village et y a cantonné
un escadron du 12ᵉ de chasseurs, le général Schlacter a pris
position avec deux bataillons sur la crête du bois de Sohnerwald qui est en avant du village de Broncheit, il en a placé
un troisième sur le chemin d'Odenhausen.

Il a laissé deux bataillons en réserve sur le mamelon en
avant du camp de Woppert pour être à portée de soutenir sa
retraite si elle étoit nécessaire ; jusqu'à la chute du jour l'ennemi s'est montré en présence de l'avant-garde, a déployé
sur les hauteurs quelques escadrons, de l'infanterie et deux
pièces de canon, il a lancé ses tirailleurs dans un petit bois
sur la gauche, il s'y est engagé une fusillade très vive entre

eux et trois compagnies du 1er bataillon de la 9e demi-brigade d'infanterie légère; la nuit a mis fin à ce combat et chacun de part et d'autre a conservé ses positions.

Les rapports n'étant pas encore arrivés, il est impossible de dire aujourd'huy combien l'aile droite a eu d'hommes tués, mais il est certain que la journée a été très meurtrière pour l'ennemi.

L'adjudant général, chef de l'état-major,
Signé : Debilly.

Le 27 frimaire.

AU GÉNÉRAL EN CHEF JOURDAN

L'ennemi n'est plus à Morbach, il en est parti ce matin à trois heures, on ne me dit pas par quelle route. C'est une bêtise de celui qui était chargé de la reconnaissance. J'ai, ainsi que je vous l'ai indiqué, donné l'ordre à Chossat de revenir reprendre sa position; je lui ai donné des instructions. Je le crois assez fort tant qu'il sera appuyé par nous, quelque part où nous nous portions il y a une demi-compagnie d'artillerie légère, il ne m'a jamais demandé d'autre renfort. Je vous l'ai jugé bon, cependant je lui en ferai passer demain matin.

Je vous souhaite une bonne santé et serais désespéré de vous voir nous quitter.

Signé : Marceau.

Du 28 frimaire 4e année républicaine.

AU GÉNÉRAL EN CHEF

Je viens de donner des ordres pour que vos intentions soient remplies(¹), mais je vous préviens que le 7e régiment de

---

(1) Voir note de la page 77. Il s'agissait d'assurer la position de Morbach et d'essayer de reprendre l'offensive avec l'aide de la division Bernadotte

dragons n'arrivera pas de bonne heure près du général Bernadotte dont il est éloigné de plus de quatre lieues. Il y aura comme hier un régiment de cavalerie en réserve à la position de Woppert, et si je prévois qu'il en soit besoin de plus je l'y enverrai. D'après les rapports qui m'ont été faits, il paraît que l'ennemi s'est retiré de Morbach et environs, s'est porté sur Oberstein et une partie de la cavalerie sur Birckenfeldt. Je n'ai pu savoir autre chose, sinon qu'il occupe la position de Wildenbourg.

Signé : MARCEAU.

P.-S. — Je me flatte que le chef de brigade Chossat aura pris sa position à Morbach.

Du 28 frimaire 4e année républicaine.

AU GÉNÉRAL PONCET

Il pourrait se faire, mon camarade, que vous fussiez attaqué ce matin. Je vous invite, en conséquence, à prendre toutes les précautions qui peuvent assurer votre position. Je vous envoie, comme hier, un régiment de cavalerie qui sera rendu à Woppert de grand matin. Si, par les mouvements de l'ennemi, je m'apercevais que vous en eussiez besoin et que je pusse m'en passer, je vous en ferais parvenir davantage.

Vous avez dû recevoir les pièces que vous avez par les hauteurs de Raunem. Je compte aussi vous renvoyer l'autre obusier d'artillerie légère.

Signé : MARCEAU.

La situation militaire s'améliore sensiblement,

---

pour exécuter les ordres du Directoire. Mais il est trop tard et Jourdan rend compte que ces ordres sont devenus inexécutables. (Archives historiques. Dépôt de la guerre.)

mais la situation matérielle est toujours la même, ainsi que le prouve l'ordre suivant :

Du 28 frimaire (18 décembre) 4ᵉ année républicaine.

AUX COMMISSAIRES DES GUERRES ROBERT ET SENET

Il est inutile désormais, citoyens commissaires, de faire arriver le pain par Kirckberg.

Vous dirigerez directement celui du général Nalèche de Trarbach à Bruckweiller, et celui du général Marceau directement aussi de Trarbach à Sultzbach.

Les troupes du général Nalèche sont composées :

Du 2ᵉ régiment d'hussards ;

Du 2ᵉ bataillon de la 9ᵉ demi-brigade d'infanterie légère ;

De la 26ᵉ et de la 94ᵉ demi-brigades ;

Enfin d'une demi-compagnie d'artillerie légère.

Il a son quartier général à Schauren, village près de Brouckweiller.

Les troupes du général Marceau (¹) sont composées du 4ᵉ régiment d'hussards ;

D'un bataillon d'infanterie légère ;

D'une demi-compagnie d'artillerie légère ;

Des 59ᵉ et 87ᵉ demi-brigades ;

De l'artillerie de position avec la compagnie de sapeurs ;

De quatre régiments de grosse cavalerie formant 1,300 hommes.

Je vous préviens aussi que la division Poncet(²) est aux

---

(1) On voit ici, et en plusieurs autres occasions, que le général commandant a des troupes directement sous ses ordres comme s'il était général de brigade. La notion de la division du travail et en particulier du commandement n'est pas encore établie (Voir à ce sujet les discussions de Mathieu Dumas et de Gouvion Saint-Cyr à propos des nouvelles méthodes de commandement inaugurées par Moreau en 1799).

(2) Ordre de l'armée. (Archives historiques. Dépôt de la guerre.)

ordres du général Marceau. Entendez-vous avec son commissaire.

Le pain nous manque partout, vous ne le savez que trop, les généraux Nalèche et Poncet nous en écrivent de la manière la plus affligeante.

Redoublez d'activité s'il est possible. Vous pouvez maintenant tirer librement de Trarbach. Faites passer extrait de ma lettre aux commissaires ordonnateurs que vous m'avez dit être dans cette ville. C'est là le moment pour eux à faire de grandes choses. Si l'un de vous peut se détacher jusqu'à cet endroit, il fera bien et pourra y activer le service.

Je ne vous parle pas des troupes qui sont à Morbach, elles ne me demandent rien ; je présume qu'elles vivent sur le lieu.

Il seroit à désirer que vous nous envoyassiez dès aujourd'hui de la chandelle, le général Marceau et notre bureau en manquent totalement.

Salut et fraternité.

Signé : Debilly.

La gloire de Marceau reste à jamais radieuse. Elle personnifie tout ce que la Révolution a produit de pures aspirations vers le bien. Elle consacre l'enthousiasme sacré pour le devoir, préoccupation ardente du jeune héros qu'il exhale encore à son dernier soupir[1]. Elle immortalise les phases successives d'un génie militaire qui se développe avec une puissance rationnelle dans l'étude, dans l'action et dans le commerce d'un autre génie. Ce n'est donc pas

____

[1] Lettres de Marceau à Jourdan (Voir *La mort de Marceau*. F. S. Marceau. H. Maze) : « Toute mon ambition est, disait-il, d'avoir bien rempli mes devoirs. »

l'amoindrir que de rappeler tout ce qui l'unit à celle de Kléber [1].

Entre ces deux brillantes figures doit se placer celle de de Billy, ami précieux des deux grands amis [2], missionnaire choisi par l'un pour porter à l'autre sa pensée et un peu de lui-même. Kléber n'a-t-il pas ainsi imposé à la postérité de joindre au récit de cette amitié féconde le nom de l'homme modeste qui s'y est dévoué? Quelle eût pu être la carrière de de Billy si, au lieu de se consacrer entièrement à Kléber, il avait accepté le grade qui lui était conféré en 1795? Il eût été très tôt l'un des maréchaux les plus estimés de Napoléon, qui savait choisir ses hommes et les utiliser selon leurs talents, Or, l'instruction de de Billy était immense [3]. — Mais la destinée s'est accomplie [4]. Si elle a été dure, elle doit au moins être juste. Or, il est juste de considérer qu'au milieu des souffrances de la campagne du Hundsrück, alors qu'on marchait sans pain, qu'on se battait sans vêtements, qu'on bivouaquait dans la neige et que les cœurs les mieux trempés se lais-

---

(1) Voir *Kléber et Marceau,* de DESPREZ.

(2) Voir la lettre d'Agathe de Châteaugiron à de Billy aux Annexes (p. 197).

(3) De Billy, au moment où il mourut, était l'objet de l'attention impériale. Les rapports de Mathieu Dumas et de Davoust l'avaient mis en lumière pendant son séjour à Anvers et il devait être compris dans l'un des prochains travaux d'avancement pour le grade de divisionnaire. (Archives de M. de Billy.)

(4) Quand Kléber partit pour l'Égypte, il demanda de Billy comme chef d'état-major; mais ce dernier n'était pas connu du maître qui grandissait et qui aimait à ce qu'on lui fît sa cour. De Billy ne partit pas et ce fut un chagrin pour Kléber. Ce fut peut-être aussi un grand malheur pour la carrière de de Billy. (Archives de M. de Billy.)

saient défaillir (¹), de Billy était l'âme de ce corps pantelant dont Marceau était la tête. Nous avons essayé de mettre en lumière l'importance des fonctions du chef d'état-major dans un état-major qui était le plus souvent disloqué, dans un corps où les transmissions étaient extrêmement difficiles; nous insisterons sur le dévouement de cet homme dont l'histoire n'a pas parlé et qui écrivait, à la lueur des feux de bivouac, puisque la chandelle même manquait, les lettres, déchirantes (²) parfois, de Marceau à Jourdan. Lui seul avec le général en chef connaissait les douleurs du jeune héros et il n'hésitait pas à les amoindrir en lui cachant bien des horreurs de la réalité.

Il est juste de considérer que dans cette campagne où — comme on l'a dit avec une haute autorité — Marceau s'est fait législateur, négociateur autant qu'homme de guerre et a mieux que jamais mérité de la patrie (³), de Billy a joué un rôle pondérateur et s'est fait l'intermédiaire indispensable entre son chef et les chefs ennemis.

Après l'affaire de Sultzbach, les Autrichiens, haras-

----

(1) Voir les *Lettres de Marceau à Jourdan,* publiées par M. H. MAZE (frimaire 1795). Il semble indispensable de lire ces lettres si l'on veut se rendre bien compte du caractère de Marceau et de ses rapports avec celui de de Billy.

(2) Plusieurs des lettres citées par M. H. Maze sont écrites de la main de de Billy et signées par Marceau (Archives historiques. Dépôt de la guerre), entre autres celle du 8 décembre, où Marceau dit en parlant de la blessure de Dufalgua : « Pourquoi ce boulet s'est-il trompé ? »

(3) Voir *F.-S. Marceau,* H. MAZE, *loco citato.*

sés et désespérant d'aborder Trèves au milieu de ce pays affreux et pendant l'hiver, proposèrent eux-mêmes un armistice. Le 20 décembre, une entrevue, réglée par de Billy qui s'était abouché avec les officiers de l'état-major de Kray, eut lieu entre Marceau et ce dernier. On sait quels étaient les procédés de négociations des Autrichiens. Il fallait être très attentif, et certainement l'esprit méthodique et clair de Marceau devait être hautement satisfait de trouver en de Billy un interprète non seulement des mots, mais encore des pensées du général autrichien. Le 21, Marceau reçut de Jourdan l'autorisation de négocier. Le général en chef était sans cesse en mouvement de Kreutznach à Trarbach, cherchant à maintenir la cohésion dans son armée exaspérée de fatigues et de souffrances(¹), ne comprenant plus ce qu'on voulait de lui, dégoûté de l'infamie des administrations(²), de l'apathie du gouvernement.

Le 1ᵉʳ janvier 1796, l'armistice fut signé qui donnait comme ligne de démarcation entre les deux armées la Simmern et la Nahe(³). Pichegru pouvait prendre ses quartiers d'hiver. Les hostilités ne devaient reprendre que dix jours après la dénonciation de l'armistice(⁴).

---

(1) Lettres de Jourdan au Directoire, de Bernadotte à Jourdan. (Archives historiques. Dépôt de la guerre.)

(2) *Loco citato.*

(3) Pichegru n'osa pas refuser ce que son collègue avait accepté. (Gouvion Saint-Cyr, tome II, page 332.)

(4) Jourdan croyait avoir bien mérité de son armée et de la France. Mais le Directoire, par cette jalousie tracassière commune à tous les gou-

Nous étudierons au point de vue du fonctionnement du service d'état-major la prise des quartiers d'hiver et la campagne de 1796 jusqu'à la mort de Marceau dans la deuxième partie de cet ouvrage (¹). Nous n'insisterons pas sur les renseignements que l'étude des documents relatifs à cette campagne donne sur l'exécution du service. La lecture suffit. On voit qu'en raison de la division imparfaite ou souvent matériellement impossible du travail, l'état-major se substitue quelquefois au commandement suprême, très souvent au commandement des troupes, toujours même quand il s'agit de missions spéciales. Ces deux dernières observations pourront être faites aussi dans l'armée impériale, elles procèdent de la conception pratique de la guerre napoléonienne où l'officier d'état-major est avant tout le plus remarquable des officiers de troupe ; la première est l'antithèse de l'idée que se fait Napoléon de son génie propre et de l'aptitude de ses généraux à se l'assimiler, on ne la fera jamais même en 1809. Elle caractérise à ce point de vue la période révolutionnaire.

---

vernements populaires, prétextant que la Constitution lui attribuait exclusivement la signature des armistices, annula cette convention et en fit conclure une à peu près pareille par des commissaires qu'il nomma. Chicane puérile, puisque la Constitution, en attribuant ce droit au Directoire, n'avait jamais entendu l'empêcher d'en investir ses généraux. (JOMINI, *loco citato*, p. 277. 1795.)

(1) Cette deuxième partie paraîtra plus tard.

CHAPITRE IV

*La vieille famille de l'armée du Rhin. — Les inspections admi-
nistratives. — De Billy chef de la 3ᵉ division au Ministère de
la guerre. — Hohenlinden.*

L'amitié qui unissait Marceau et de Billy était profonde et rendue chaque jour plus inaltérable par le
travail fait en commun et les dangers affrontés côte
à côte. Il y eut bien, comme on l'a vu dans l'étude
du service de chef d'état-major de de Billy, de rares
nuages dans cette amitié sereine à propos du service, mais Marceau qui était jeune et fougueux reconnaissait toujours volontiers qu'il avait été trop
prompt à réprimander ou à critiquer et il chargeait
leur ami commun, Robert, de dire à de Billy qu'il
n'avait jamais douté de son amitié ni de ses aptitudes et d'opérer le rapprochement ([1]).

Rien n'est plus admirable d'ailleurs que les sentiments d'affection et de confraternité de tous les
hommes de guerre de cette époque. L'armée du Rhin,
qui conserva jusqu'au Consulat un caractère de sim-
plicité antique, offrait un spectacle touchant d'esprit

([1]) Correspondance avec Robert. (Archives de M. de Billy.)

et de dévouement militaires. Les officiers qui avaient servi sur le Rhin emportaient partout le souvenir de cette vie idéale où, dans l'atmosphère des vertus les plus pures, les âmes se trempaient et se liaient entre elles par le même amour du devoir et de la patrie. Dès que les hasards de la guerre les séparait il s'établissait entre eux une correspondance édifiante où nous voyons éclater le désintéressement et le besoin de se fortifier réciproquement contre les mauvais vouloirs des intrigants. On y sent le souffle puissant qui anima jusqu'au bout pour la liberté cette fière « famille du Rhin », comme disaient Heudelet et Soult à leur ami de Billy et qui lui permit de résister aux entraînements politiques et aux vagues compromissions (¹). On y reconnaît une camaraderie exemplaire telle que celle de Combe-Brassac et de de Billy qui s'étaient légués réciproquement leur maigre héritage.

Longtemps encore après les immortelles campagnes de cette armée, les survivants formaient, quel que fût leur éloignement, une alliance étroite à laquelle bien peu se dérobaient, car elle leur faisait revivre une jeunesse dramatique qui était toute leur gloire. Soult écrivait à de Billy, de Wolkehm, le 23 vendémiaire an VII :

Le général Championnet, avant son départ, a eu la complaisance de m'annoncer sa nomination à l'armée d'Hollande,

---

(1) Voir *Mémoires de Gouvion Saint-Cyr.*

et il me fait espérer que nous ne tarderons pas à nous joindre. Vous connaissez, mon cher ami, les sentiments d'amitié qui me lient à lui. Jugez d'après cela si j'ai appris cette nouvelle avec plaisir. La *petite famille* sera donc encore une fois réunie, au moins nous pouvons y croire, cet espoir me console et me fait supporter avec moins d'impatience l'éloignement que j'en éprouve ; l'amitié, vous le savez, a besoin de s'épancher, et c'est une grande privation que celle de ne pouvoir le faire que par la correspondance toujours trop tardive au gré de nos désirs.

Que signifient tous ces mouvements de troupes ; il y a deux jours que tout se portait sur le Mein et la Nidda, et aujourd'hui tout s'en éloigne, est-ce une démonstration de paix ou de guerre ? manœuvres ou menaces ? précautions de sûreté ou développement d'un projet ? C'est bien le cas de dire : A force de voir, nous ne voyons rien. Raisonneurs politiques, exercez ici votre imagination et sortez-nous de ce labyrinthe, car pour moi je m'y perds.

Ce taux élevé auquel vous portez l'armée du Nord, mon cher ami, m'intrigue singulièrement ; se méfie-t-on de la Prusse et veut-on être prêt à tout événement ; ils assurent que la bonne harmonie existe, et que, en cas de guerre, ils n'y prendraient pas part ; cependant il y a quelque chose, car ils ont augmenté vis-à-vis moi le cordon de troupes d'un escadron d'hussards, et un colonel en a à présent le commandement en place d'un major qu'il y avait ; on parlait il y a quelques jours d'un camp qui devait se former à Liptads, mais ce dernier bruit ne se confirme pas ; le landgrave de Hesse-Cassel qui, comme vous le savez, est gouverneur de Wesel, vient d'être mandé en cette qualité à Berlin ; voilà les nouvelles que je vous donne et politiquez là-dessus.

Je crois avec vous que nous joindrons bientôt le général Championnet, mais je parie qu'il fera plus de chemin pour venir nous trouver que nous pour l'aller joindre.

Il y a dix jours que je vous ai écrit ; n'auriez-vous pas reçu ma lettre ? c'est par la voie de l'état-major général que je l'ai fait passer.

En attendant que nous soyons réunis, continuez, mon cher ami, de me donner de vos nouvelles, et instruisez-moi de ce qui se passe ; vous n'ignorez pas combien je suis avide de savoir, mais surtout comptez sur l'attachement de votre sincère ami.

SOULT.

Bien des choses amicales à Legrand.

Je crois que vous m'avez abonné au *Journal de Francfort,* mais je n'en ai pas reçu encore un seul numéro.

Valendar, le 11 pluviôse an 7ᵉ de la République française.

SOULT A DE BILLY

Je craignois d'être oublié de vous, mon cher ami, quand il y a peu de jours j'ai reçu votre lettre du 25 frimaire. Je ne sais quelle partie du globe elle a parcouru pour avoir resté si longtemps en route, mais enfin je l'ai reçue.

Depuis le 8 de ce mois nous occupons la forteresse d'Ehrenbreitstein ; les troupes électorales, en s'avançant, l'ont laissée dans un désordre affreux ; tout ce qui tenait au casernement a été par eux emporté ou brisé ; ils n'ont pu en faire autant des ouvrages qui, certainement, sont bien dignes de la curiosité des gens de l'art ; quelques galeries d'armes sont seulement affaissées par la gelée, mais on peut facilement les remettre en état. L'armement n'est pas aussi considérable qu'on auroit cru, et il faut beaucoup travailler pour le remettre en ordre et recommancer à neuf la levée des plans, armes et ouvrages de la place ; on n'a rien laissé sous ce raport.

Je suis employé dans la division avec un de vos anciens amis, Saint-Laurent ; nous avons plusieurs fois parlé de vous, et comme moi il se plaint de ne pas avoir de vos nouvelles, je ne sai qui pourra plutôt se féliciter d'en avoir reçues.

Où êtes-vous ? que faites-vous et que dites-vous ? recommencez, je vous prie, à m'écrire ; l'éloignement ne peut vous servir d'excuse, et si vous attachez quelque prix à l'amitié, celle que je vous porte doit mériter mieux de vous qu'un oubli.

Vous avez occasion de voir Legrand, dites-lui bien des choses, et croyez à mon attachement.

SOULT.

Plus tard encore le souvenir de l'armée du Rhin se présente à Heudelet :

Au quartier général à Troyes, le 6 prairial an XI.

LE GÉNÉRAL DE BRIGADE HEUDELET A SON CAMARADE DE BILLY

Comme toi, mon cher ami, j'attends que l'organisation des différentes armées soit faite, avant de me décider à demander, car j'ai une forte antipathie pour toutes sollicitations ; peut-être lorsque ces organisations seront publiques, serai-je aux regrets de ne pas m'y trouver ; s'il étoit possible cependant de réunir *notre vieille famille* du Rhin, je n'hésiterois pas à travailler de toutes mes forces pour en être ; cela me donne même l'idée d'écrire à Saint-Cyr, etc., pour nous entendre, s'il est possible ; j'ai aussi écrit à Tharreau et à Saligny dans cette vue et dans une autre encore, que tu approuveras, la voici :

Nous sommes tous liés d'amitié, et cette liaison s'est formée par l'accord et la ressemblance de nos caractères, de notre loyauté et de notre éducation ; mais ne pourrions-nous pas nous rendre cette union plus profitable, en convenant de la resserrer de manière à nous réunir, s'il est possible, et, en cas de non réunion de nos personnes, du moins à celle de notre politique, de notre conduite, de nos intérêts ; enfin, sous tous les rapports cette petite ligue serviroit à nous soutenir dans la bonne fortune, à nous défendre et à nous protéger dans la mauvaise ; elle seconderait notre ambition militaire, et, en la renforçant avec prudence et discernement d'hommes de notre trempe, elle pourroit devenir forte et puissante. C'est assez en dire à ta pénétration. Il y a longtemps que j'avais envie de vous en parler à tous, parce que cette ligue existoit tacitement entre nous. Mais la paix avait en quelque sorte fermé la carrière. Aujourd'hui, la guerre s'allume, nous ne pouvons trop nous serrer pour notre intérêt mutuel. Combien de fois n'avons-nous pas déploré le manque d'esprit de corps de notre robe ; il n'y en a jamais eu, et il n'y en aura jamais, en général, à cause des élémens disparates dont nous sommes composés, mais nous pouvons le créer cet esprit pour un cercle d'amis, et je n'y trouve que des résultats utiles ; ta tête mathématique pourroit donner à cette idée des développemens précis si tu l'adoptes.

Commençons par nous écrire plus souvent, c'est un miracle d'avoir une lettre de toi ; tu es toujours épicurien et paresseux ; grâce pour cette dernière épithète, je la mérite sûrement aussi. Mais puisque la trompette sonne, il ne faut pas tout à fait nous oublier, nous resterions en arrière de nos camarades, et notre amour-propre pourroit en être par trop blessé.

Je t'embrasse.

Ton ami : HEUDELET.

Mme Heudelet a reçu tes compliments avec bien du plaisir et désire bien l'occasion de faire connaissance avec Mme de Billy, à qui je présente mes hommages.

N'oublie pas l'affaire de Launey, c'est-à-dire tiens-y la main et écris-moi.

Les rapports de service n'étaient donc pas les seuls qui influassent sur le désir qu'eurent toujours Marceau, Kléber, Hoche [1], Saint-Cyr, Oudinot, Robert,

------

(1) De Billy était l'un des familiers de Hoche. A la fameuse fête du 23 thermidor an V (10 août 1797), fête ordonnée par le gouvernement (Archives nationales, A fr. III), de Billy prononça l'un des discours les plus remarquables par la sagesse et les sentiments de pur patriotisme. (Archives historiques. Dépôt de la guerre.) La politique troublait alors toutes les têtes, la situation était indécise et un malaise s'emparait des âmes les

Salligny, Heudelet, Durutte, Eblé, d'avoir de Billy, l'ami sûr, l'homme de bon conseil, le caractère affable et enjoué, l'esprit éclairé, auprès d'eux. Il y avait une amitié fervente entre tous ces hommes, amitié qui se dévouait jusqu'à la mort, comme nous allons le voir bientôt.

Quand Marceau fut tué ([1]) le 22 septembre 1796

---

mieux trempées. En s'adressant à Jourdan, en évoquant les gloires les plus pures de l'armée, de Billy fit une profonde impression sur une assemblée de soldats auprès de qui la politique essayait diverses séductions. Tous les partis ont interprété les paroles de Ney, de Grenier, de Lefebvre, de Hoche dans cette journée ; mais aucun n'a pu tirer profit de celles de de Billy, qui sut être maître de lui dans un moment d'énervement général, à la veille de fructidor. (V. Général AMBERT, *Portraits militaires*, et *Vie de Hoche*, par E. DUTEMPLE DE LAUNAY, Bayle, 1883.)

Toute sa vie, de Billy tint la même ligne de conduite, estimant qu'il fallait occuper une très haute situation dans l'armée pour accepter au nombre de ses devoirs des considérations politiques quelconques.

Il s'était attaché particulièrement à Hoche, non pas que ce dernier eût besoin, comme Marceau, d'affection vive et sentimentale, mais parce que Hoche souffrait d'une maladie morale bien intéressante pour le philosophe qu'était de Billy. (Voir chapitre V.)

Au moment de mourir (*Vie de Hoche*, par DE BONNECHOSE), Hoche avait appelé auprès de lui ses amis. De Billy avait été l'un des premiers. Il conserva avec soin le rapport sur la maladie et la mort du général, afin de pouvoir réfuter constamment les bruits qui ne manquèrent pas de s'élever et qui faisaient de Hoche une victime du Directoire ou de Bonaparte ou de Pitt. (Voir aux Annexes, p. 204.) [Voir *Souvenirs de Macdonald*, p. 47.)

(1) Après la mort de Marceau, Kléber (Général AMBERT, *Portraits militaires*) dessina lui-même le monument qu'on devait élever à la mémoire de son ami. Le dessin fut plusieurs fois remanié et notamment par Sergent-Marceau, beau-frère du général. Mais sa construction et les diverses rectifications furent établies sous la direction de de Billy. (Voir Annexes, p. 195.) C'est de Billy qui fournit à Sergent-Marceau la plupart des traits de la vie militaire de Marceau qui ont été publiés ; enfin, c'est de Billy qui s'occupa de régler certains points de la succession très disputée de Marceau. Il y eut un procès intenté par les frères de Marceau à Emira, leur sœur, à qui Marceau avait, dit-on (*a*), légué son « pécule castrense », expression par laquelle Sergent-Marceau comprend les armes, chevaux, harnais, bagages, livres, écrits, mémoires, plans, habits, linge, meubles et effets servant

---

(*a*) Cette assertion de Sergent-Marceau n'est pas conforme à la pièce qui est entre les mains de M. Sainte-Beuve de Chartres. (Voir *Le général Marceau*, par MAZE, p. 92.)

(5ᵉ jour complémentaire an IV), les généraux Dumuy et Ligneville qui le remplacèrent successivement dans le commandement de la division conservèrent à de Billy l'emploi de chef d'état-major.

Depuis les campagnes de la Vendée, la santé de de Billy n'avait jamais été bien rétablie. De nouvelles fatigues, des privations de tous genres, endurées pendant dix-huit mois, l'obligèrent encore une fois à quitter momentanément le service actif.

Il se trouvait alors à l'armée de Sambre-et-Meuse un adjudant général nommé Bonami qui avait été l'intime ami de Marceau et avec lequel de Billy était étroitement lié. Injustement accusé de concussion, Bonami fut traduit devant un conseil de guerre. De Billy l'apprend; son affection pour un camarade malheureux, la vénération qu'il porte à la mémoire de Marceau, lui font à l'instant oublier son état de maladie et lui prêtent des forces. Il écrit à Alquier la lettre suivante.

---

actuellement au militaire. Ce procès donna lieu à une pétition faite par les militaires, afin d'obtenir la liberté de tester en faveur des officiers en campagne (b). Cette pétition, rapportée par le capitaine Jacqueminot, se terminait ainsi : « Eh bien ! celui dont les dépouilles mortelles furent honorées par l'Autrichien, dont l'ombre est révérée du soldat, dont le nom sera immortel, qui vainquit pour la liberté, qui mourut pour elle, dont la gratitude publique devait graver sur l'airain les dernières volontés, comme si l'exécution en était en quelque sorte nationale, devient après sa mort le jouet de l'insuffisance vraie ou prétendue de nos lois... Ah ! s'il est vrai que nos lois permettent encore de violer le respect qui devrait environner le dernier soupir de Marceau, hâtons-nous de les rendre dignes de nous, dignes des soldats de la Liberté. » (Lettre de Sergent-Marceau à de Billy, 29 prairial an VI. Archives de M. de Billy.)

(b) Le rétablissement du droit de tester pour les militaires et pour les civils n'eut lieu qu'en janvier 1800. (Archives nationales A f. IV. Thiers, p. 169, I, éd. 1845.) Voir aux Annexes, p. 195, une lettre curieuse de Sergent-Marceau à de Billy.

Kirn, le 28 brumaire 5ᵉ année républicaine.

Vous n'apprendrez pas sans étonnement, mon cher Alquier, le changement qui vient de s'opérer dans notre armée, autrefois si belle et à laquelle tous nos amis s'honoraient d'être attachés ; quand j'y suis arrivé, je vous ai voué une éternelle reconnaissance des peines que vous vous étiez données pour m'arracher de la Bretagne, à la place des officiers ignobles qui prenoient et déshonoroient dans ce pays le nom de nos camarades ; je trouvai à l'armée de Sambre-et-Meuse des généraux pleins de connaissances, de moralité, tous portés d'un même zèle pour servir la cause commune et unis par les liens de l'amitié. C'était vous, mon cher Alquier, la cause de tous ces succès obtenus par notre armée ; elle a longtemps eu la réputation la plus florissante ; elle en jouiroit encore si les passions particulières ne se fussent substituées à l'amour de l'intérêt public. Je ne pourrai vous dire quels sont les efforts qui ont amené ce changement, mais il existe et il sera funeste à la cause commune.

. . . .

. . . .

Les vivres manquant à l'avant-garde que commandait Bonnami, puisque l'administration Bello n'en fournissoit pas, il a dû s'en procurer. Il a détaché une compagnie de chasseurs à *Hombourg*, pour y faire la demande de quelques rations de pain et de viande ; il y a joint celle d'une quantité de cuir destinée à faire des souliers et des bottes ; la commune, au lieu de fournir, s'est insurgée. L'officier commandant qui, aux termes du Règlement du général en chef, auroit pu l'incendier, s'est borné à arrêter deux des agitateurs et les a conduits au quartier général. L'un d'eux a été renvoyé par Bonnami, pour annoncer à la commune qu'elle avoit encouru l'exécution dictée par le Règlement, qu'il voulait bien lui faire grâce, mais que, pour la punir, il l'imposoit à une quantité plus forte, et qu'il ne relâcherait le second otage que quand la fourniture auroit été complétée. A quelques jours de là, il se fit un mouvement rétrograde et votre neveu renvoya l'otage, sans même que la commune eût satisfait à l'ordre ; tel est le motif du procès intenté contre Bonnami. On n'a pas eu honte de le constituer prisonnier sous la garde de deux gendarmes, et il est à la veille de passer à un conseil militaire, dont les membres sont choisis par son ennemi. Je crains ce dernier et son influence sur des hommes qui, peut-être, serviront ses passions. Vous pouvez aisément le tirer de là et faire triompher son innocence, en lui obtenant l'ordre de se rendre à Paris pour se justifier, ou vis-à-vis du Directoire, ou vis-à-vis du ministre. Vous n'avez qu'un mot à dire et pas un moment à perdre. Il vous en écrit lui-même ; faites-nous réponse en lui envoyant un ordre de quitter momentanément l'armée.

Vous croirez sans peine que mon intimité avec Marceau et Bonnami me fait partager les sentimens de ce dernier. Je me suis expliqué franchement et ouvertement comme lui, aussi suis-je à la veille d'éprouver les mêmes désagrémens. Je suis même déjà impliqué dans une dénonciation faite par un certain administrateur qui, sans preuves et sans témoins, accuse un officier et me soupçonne d'avoir attenté à sa sûreté personnelle. On n'a pas osé me mettre encore en jugement, mais l'officier qui est plus particulièrement accusé languit sous les liens d'une honteuse arrestation, en attendant le retour du calomniateur qui a disparu. Épuisé par les fatigues de la guerre, ennuyé de toutes ces tracasseries, je suis tombé malade et me suis retiré sur les derrières. J'ai demandé au ministre la permission d'aller me traiter chez moi. Si vous avez le moyen de hâter l'expédition de mon congé, je vous aurai une obligation de plus.

Salut et amitié.

De Billy.

Puis il accourt, se constitue le défenseur officieux de l'accusé, le recommande aux personnages influents qu'il connaît à Paris, étudie sérieusement les pièces du procès et plaide la cause devant le conseil de guerre (1). Convaincu de l'innocence de Bonami, il expose les faits avec l'éloquence de la vérité, réfute victorieusement toutes les charges, et obtient enfin un arrêt d'acquittement. Ceci se passait au printemps de 1797 (2).

L'armée applaudit à cet heureux résultat, qui fit d'autant plus d'honneur à de Billy qu'il avait eu à braver de puissantes inimitiés.

Après ce service rendu à son compagnon d'armes, de Billy retourna à Paris achever sa convalescence.

Le général Championnet avait connu de Billy à l'armée de Sambre-et-Meuse. Dès qu'il le vit sans emploi, il le demanda pour chef d'état-major (3).

---

(1) Plaidoyer pour l'adjudant général Bonami. (Dossier K. Archives de M. de Billy.) Ce plaidoyer sobre et serré est un beau morceau d'éloquence militaire qui fait ressortir l'indignité d'un grand nombre des fournisseurs de l'armée, la légèreté de quelques chefs et la difficulté où sont les purs serviteurs de la Patrie de faire leur devoir au contact de tant de gens corrompus et puissants qui leur tendent des embûches. L'administration Bello, dont Bonami avait dévoilé les friponneries, devait s'arranger de façon à « tuer » Bonami. Marceau et Jourdan avaient su démêler les entreprises louches de l'administration ; mais, « aujourd'hui, on paraît s'en désintéresser et c'est un devoir de réagir ». A la suite de ce plaidoyer, de Billy fut dénoncé et poursuivi par la haine des concussionnaires. Mais, cette fois encore, les poursuites furent arrêtées.

(2) De nombreuses lettres de félicitations furent adressées à de Billy après ce succès. Le général Micas (a) lui écrit le 12 ventôse et reproche amicalement à « ce nouveau Dupaty d'être tout entier absorbé par le sentiment d'être utile à l'innocence malheureuse ». Bonami était le neveu d'Alquier.

(3) Cette demande de congé avait provoqué la mauvaise humeur de Beurnonville, qui commandait provisoirement l'armée de Sambre-et-Meuse à la place de Kléber. Il n'avait pas craint d'écrire au ministre, le 16 brumaire de l'an V, que de Billy n'avait aucun besoin de congé par raison de santé et qu'il estimait cette demande comme une preuve de tiédeur. Mais l'opinion était faite sur la façon dont de Billy servait et il eut son congé. Le fils du général constitua un dossier fort curieux de la correspondance

(a) Micas (Jean-François), général de division le 11 mars 1795.

D'abord il le ramena à l'armée de Sambre-et-Meuse ; plus tard, il l'appela à l'armée d'Angleterre, dont le Directoire exécutif avait résolu la création après la signature du traité de Campo-Formio.

Durant ces entrefaites, les généraux Lefèvre et Augereau avaient chargé de Billy de la délicate mission d'inspecter les magasins et les caisses militaires, dans les divisions actives et territoriales dépendant de l'ancienne armée de Sambre-et-Meuse, devenue l'aile droite de l'armée d'Allemagne. Depuis deux ans, les troupes françaises avaient eu cruellement à souffrir du manque de vivres, de chaussures et d'habillement. Quelques magasins furent trouvés vides, d'autres mal approvisionnés et un petit nombre seulement en bon ordre. De Billy s'acquitta de cette inspection avec conscience, signalant les bons et loyaux serviteurs, blàmant avec énergie les négligents, appelant un châtiment sévère sur la tète des coupables (¹).

Il achevait sa mission quand il reçut ordre de rejoindre Championnet à l'armée d'Angleterre (²).

------

de Combes-Brassac avec de Billy. On y voit comment Beurnonville entendait le commandement et quelles souffrances il avait fait endurer à Combes-Brassac et à Bonami. (Lettre du 4 frimaire an V, de Beurnonville au ministre, demandant à suspendre le congé de Billy. Certificats de maladie.) [Archives administratives. Dépôt de la guerre.]

(1) Le 28 vendémiaire, de Billy avait été proposé pour le commandement d'un régiment de hussards ou de chasseurs. Sur sa demande, cette nomination fut ajournée par le Directoire. Il estimait « qu'il avait encore à apprendre pour commander, dans la troupe, une autre arme que l'artillerie ». (Archives de M. de Billy. Archives nationales A f. III.)

(2) Le 2 frimaire an VI, de Billy est encore une fois dénoncé ; car, pendant sa tournée d'inspections, il a été impitoyable pour ceux qu'il trouvait

En août 1798 (¹), Championnet ayant été envoyé
à l'armée de Mayence pour y commander la division
d'avant-garde, emmena avec lui son chef d'état-
major. Si plus tard, quand ce général se rendit à
l'armée d'Italie, il se sépara de de Billy, c'est que des
raisons de famille retinrent ce dernier près des frontières ; mais alors Championnet lui donna en quelque
sorte une nouvelle preuve d'amitié, en choisissant,
pour le remplacer, ce même adjudant général Bonami, qu'il avait naguère défendu avec tant de générosité et de chaleur.

Le général Saint-Cyr succéda à Championnet dans
le commandement de la 1ʳᵉ division de l'armée de
Mayence (²). Il garda de Billy comme chef d'état-major
et le conserva auprès de lui lorsqu'il prit sous ses
ordres la 3ᵉ division cantonnée en Alsace. Le 1ᵉʳ mars
1799, cette armée, qui reçut le nom d'armée du Danube, passa le Rhin, et la division Saint-Cyr s'avança
par la vallée de la Kinzig pour se poser en observation sur le haut Necker. De Billy fut mis à la tête
d'un petit corps de troupes que l'on nomma les
flanqueurs de gauche (³), avec mission d'occuper

---

en faute et il a soulevé contre lui plusieurs haines farouches. Mais il n'existe
aucune trace de poursuites ; le 23 nivôse, il recevait une lettre de service
lui donnant un emploi à l'armée d'Angleterre.

(1) 16 thermidor an VI.

(2) Le 21 pluviôse an VII, de Billy est nommé chef d'état-major de
Saint-Cyr.

(3) Les opérations de ce corps, faisant partie d'une étude qui sera bientôt
donnée par la *Revue militaire*, ne seront pas présentées ici. Nous nous
bornerons à faire remarquer que de Billy avait été choisi en raison de sa

Freudenstadt, de fortifier le Kniebis et d'éclairer tout le pays sur la gauche de l'armée, principalement les routes de Stuttgart, d'Ulm et de Hechingen.

Après la bataille de Stockach, Jourdan se replia sur les crêtes de la Forêt-Noire, et Ernouf, qui commanda par intérim, se retira sur le Rhin. L'armée d'Helvétie fut, à cette époque, incorporée dans celle du Danube, qui reçut pour chef le célèbre Masséna. Saint-Cyr avait quitté l'armée, et de Billy reçut ordre de se rendre d'abord à Neuf-Brisach, puis à Vieux-Brisach, qu'il fut chargé de mettre en état de défense (1).

Dès que les ouvrages de la tête de pont de Vieux-Brisach furent terminés, de Billy alla rejoindre le corps d'armée qui opérait en Suisse. Le lendemain même de son arrivée, il prit part à la première affaire de Zurich (15 prairial) et reçut une balle qui lui traversa l'épaule gauche. Cette blessure fut d'abord jugée mortelle ; mais quoique très grave, on parvint à la guérir. Aussitôt que le blessé fut transportable, il fut conduit à Strasbourg, où sa guérison devait s'achever (2).

---

connaissance approfondie de la langue allemande. Le dossier des flanqueurs de gauche (Archives de M. de Billy) contient un grand nombre de documents fournis par des agents allemands. Le corps cessa de fonctionner comme organe de couverture et de renseignements lorsque Vandamme prit, avec sa division, possession du pays situé sur la rive gauche du Danube. (V. *Précis de la campagne de 1799*, par JOURDAN.)

(1) 11 floréal an VII.

(2) Voir aux Annexes (p. 197) la lettre d'Agathe de Châteaugiron à de Billy. Agathe de Châteaugiron avait été fiancée à Marceau, malgré le comte de

De Billy n'était pas encore parfaitement rétabli quand on le plaça sous les ordres du général Sainte-Suzanne qui commandait un corps de troupes à l'armée du Danube [1].

Le 14 juillet 1799 [2], le Directoire exécutif lui décerna, en récompense de sa belle conduite, une carabine et deux paires de pistolets d'honneur [3]. Bientôt après, le ministre de la guerre adressa à de Billy la lettre suivante :

Vos fatigues et vos blessures exigeraient du repos, mon cher de Billy ; mais la République demande encore du travail à ceux qui ont le plus travaillé pour elle. Vous pouvez très bien la servir des talents administratifs que vous possédez, en vous chargeant de la 3e division du ministère de la guerre. Je vous l'offre avec le sentiment du bien que vous pouvez y faire. Il faut entrer sur-le-champ en fonctions....

Salut et amitié [4].

BERNADOTTE.

De Billy se mit aussitôt à l'œuvre et justifia la confiance du ministre par l'impulsion qu'il sut donner, par l'ordre qu'il sut établir dans sa division. Nous lisons

---

Châteaugiron son père, et après un drame intime infiniment douloureux. Ce roman déchirant, qui avait assombri la jeunesse de Marceau, avait en même temps resserré les liens de son amitié avec de Billy, dont les souffrances intimes étaient aussi nombreuses à cause de la santé chancelante de sa première femme, remarquable par son caractère et ses hautes qualités.

(1) Ordre de Suchet, chef d'état-major général de l'armée, à de Billy de se rendre à Mayence sous les ordres de Bruneteau de Sainte-Suzanne le 14 messidor an VII. (Archives de M. de Billy.)

(2) Le 12 thermidor, le Directoire nomme de Billy général de brigade. (Archives nationales, A F. III. Feuille de travail du ministre de la guerre.)

(3) Ces armes, ainsi que celles données par la municipalité de Munich, sont entre les mains de M. A. de Billy.

(4) Ordre du 14 thermidor an VII.

dans l'*Histoire du Consulat et de l'Empire*, de M. Thiers, qu'à l'époque du 18 brumaire, le seul bureau de l'artillerie, parmi toutes les divisions du ministère de la guerre, était parfaitement au courant de tous les mouvements des troupes de son arme, de leur nombre, de leur position. Ce bureau sortait alors des mains de de Billy, qui avait été promu au grade de général de brigade.

Lorsque Dubois-Crancé remplaça Bernadotte au ministère de la guerre, la 3ᵉ division fut supprimée, et le général de Billy, quoique encore souffrant de sa blessure de Zurich, demanda à reprendre du service dans l'armée active. Il reçut un sabre d'honneur et eut l'ordre de se rendre à l'armée du Rhin, sous Moreau, six semaines après le 18 brumaire [1].

____

[1] Le 1ᵉʳ nivôse, Berthier affecte de Billy à l'armée du Rhin sur sa demande. (V. Annexes, pièce IX, p. 203.)

Le 25 ventôse, Saint-Cyr affecte de Billy provisoirement à la division Tharreau.

Le 17 prairial, Moreau remplace Heudelet à la division Decaen par de Billy.

De Billy n'avait pas été ébranlé par les sollicitations des partis à l'époque de brumaire ; il s'était absorbé dans un travail ingrat et considérable qui le passionnait néanmoins en souvenir de ses débuts dans l'artillerie. Il fut surtout écarté du ministère parce qu'il fallait y garder à ce moment des hommes politiques. (V. Annexes, pièce IX, p. 203.) C'est sûrement avec une intention politique qu'on le comprit dans le décret des sabres d'honneur (2 nivôse an VIII. Archives nationales, A F. III) destinés à récompenser à la fois les services rendus à la République et ceux rendus le 18 brumaire ; en réalité, il ne joua aucun rôle dans cette journée. (V. *Souvenirs de Macdonald*, Introduction.) Néanmoins, tout en gardant son indépendance vis-à-vis du nouveau pouvoir, de Billy pouvait accepter, car l'institution des sabres d'honneur préludait, dans l'idée du premier Consul, à celle de la Légion d'honneur. Une note de Bonaparte à Gouvion Saint-Cyr en fait foi. (Voir THIERS, p. 126, I, éd. 1845.)

Les pistolets d'honneur que le Directoire envoya à de Billy après Zurich sont entre les mains de M. A. de Billy et ont été exposés au Palais des armées de terre et de mer en 1900.

Au moment où il se disposait à partir, un arrêté des consuls prescrivit la formation de trois commissions instituées pour reconnaître militairement la frontière française depuis Briançon jusqu'à Neuf-Brisach. Le général de Billy fit partie de la commission chargée du travail relatif au pays compris entre Briançon et Genève (1).

Mais dès le milieu de mars, nous le retrouvons à l'armée du Rhin commandant une brigade dans le corps du général Saint-Cyr. Le général de Billy se distingua à l'affaire de Biberach, où il eut un cheval tué sous lui ; il prit aussi une part glorieuse au combat du 16 mai, quand Saint-Cyr dégagea, sur les bords du Danube, non loin d'Ulm, le corps de Sainte-Suzanne qui courait les plus grands dangers.

Peu après, de Billy entra dans la division Decaen, qui prit le nom de 3e division du centre et avec laquelle il continua cette mémorable campagne. Lorsque la division fut dirigée sur Augsbourg et Munich, le général de Billy prit possession de cette dernière place, dont il eut le commandement pendant presque toute la durée de l'armistice (2).

-----

(1) 13 pluviôse.

(2) Lorsque de Billy quitta Munich, la municipalité vint lui offrir de la part des bourgeois des armes d'honneur et un cheval. De nombreuses lettres de félicitations du chef d'état-major général à de Billy (Archives de M. de Billy) témoignent de la discipline maintenue par le général dans sa brigade et de la façon dont il avait fait comprendre à ses troupes les sentiments de dignité que les Français ont si souvent exercés en pays ennemi. (V. MICHELET, *Introduction à l'histoire universelle;* CHÉLARD, *L'Autriche contemporaine.*)

La division Decaen ([1]) contribua puissamment à
la glorieuse journée de Hohenlinden ([2]); dans cette
bataille, le général de Billy, malgré le peu de troupes
qu'il avait à sa disposition, fit néanmoins plus de
300 prisonniers.

([3]) On l'avait placé à la tête d'un corps particulier,

---

(1) Decaen, dont on verra la façon de servir et de commander dans
l'étude de la campagne de 1799 faite par l'état-major de l'armée (*Revue
militaire*), avait rendu la position intenable à de Billy, qui demanda à
passer dans la division Grouchy. (Archives de M. de Billy.)

(2) Dans cette bataille et dans les journées qui suivirent, où le succès
tint à presque rien et où l'art militaire n'eut aucune part (*Discussion de
Napoléon, Correspondance*, vol. XXX), les efforts particuliers et les initiatives provenant de l'instinct militaire de chacun eurent une influence
considérable. La prise du pont de Wasserburg par le détachement de Billy,
dont il est parlé plus loin, est un de ces faits sur lesquels on ne comptait
plus et qui déterminèrent le succès des opérations générales. (V. Mathieu
DUMAS, 1801, vol. I, p. 142.)

(3) Notes autographes du général de Billy sur le rapport du général
Dessoles, chef d'état-major général de l'armée du Rhin, au ministre de la
guerre :

P. 26 : « Le général de Billy avait, pendant toute la campagne précédente,
commandé l'avant-garde du général Decaen, et c'est par suite d'une querelle
déshonorante pour ce dernier qu'elle a cessé d'être sous ses ordres. Le général Decaen a composé avec intention une espèce de réserve pour éloigner
de lui le général de Billy. Le matin du 12, à Ebersberg, il a mandé chez
lui ce général et lui a dit qu'il espérait que les querelles particulières se
tairaient *dans un jour où l'on traitait les grands intérêts de la Patrie ;*
ce sont ses propres expressions ; il a reçu pour réponse que toute *inimitié
cessait dès qu'il était question des intérêts de la Patrie ; que, quelques
torts qu'il eût à se reprocher vis-à-vis de son général de brigade, ils
étaient oubliés un jour de bataille ; qu'il en avait la preuve dans la
démarche qu'on faisait auprès de lui et qu'on n'eût faite dans aucun autre
cas.*

« Malgré le peu de moyens mis à la disposition du général de Billy, il a
fait, le 12, 300 prisonniers, sans qu'il en soit question dans le rapport du
général Decaen. »

P. 35 : « Ce ne sont point les troupes qui ont observé d'abord Wasserburg
qui sont restées devant cette place quand le mouvement s'est fait sur Aiblin-
gen, mais on a composé un corps particulier au général de Billy. »

P. 47 : « La tête de pont de Wasserburg n'était pas évacuée quand le
général de Billy s'est présenté pour y entrer ; il y a encore trouvé l'ennemi
et l'a empêché de détruire le pont, dont il avait déjà essayé de briser une

composé d'un escadron du 6ᵉ chasseurs, d'un escadron du 17ᵉ dragons, de trois compagnies de cavalerie de la légion polonaise, d'un bataillon d'infanterie de cette légion, d'un bataillon de la 14ᵉ légère, d'un bataillon de la 100ᵉ de ligne, avec 3 pièces d'artillerie. C'est avec ce petit corps que, le 10, il s'empara de la tête de pont de Wasserbourg-sur-l'Inn, qu'il empêcha la destruction du pont dont l'ennemi avait essayé de briser une arche et qu'il facilita de cette manière le passage des divisions aux ordres du général Grenier. Le 11, il passa dans la division du général Souham.

(¹) Le 25 fut signé l'armistice précurseur du célèbre

---

arche ; le lieutenant général Grenier comptait si peu sur cet avantage qu'il hésitait de donner à deux de ses divisions l'ordre de passer à Wasserburg pour se porter sur la route de Salzburg. Son officier supérieur du génie trouva le pont prêt à recevoir les troupes et leur passage a été d'un heureux effet pour les opérations ultérieures de la campagne.

« Le général de Billy est entré dans Wasserburg le 19 ; le 20, il a rejoint la division Decaen et ce même jour il a reçu du général Dessoles l'avis du changement de destination qu'il avait sollicité dès le 9. »

« *N. B.* — Il y a trois ans, le général Decaen, coupable envers le général Jourdan d'une désobéissance qui avait compromis le salut de l'armée, était sans fonctions à Strasbourg en y attendant le jugement d'un conseil de guerre que le général en chef avait nommé pour prononcer sur sa conduite. Le général de Billy, alors convalescent d'une blessure reçue en Suisse, était l'ami dans le sein duquel il déposait toutes ses peines. Appelé à une des divisions du ministère de la guerre près du général Bernadotte, il a été assez heureux pour obtenir que le général Decaen fût renvoyé à son poste. Cette faveur était d'autant plus difficile à obtenir que dans les années précédentes le général Decaen s'était déjà trouvé en procès avec le gouvernement pour affaire de concussion (*a*). Le général de Billy, en passant sous ses ordres, devait attendre de lui une tout autre conduite. »

(1) Hendelet (*b*) écrivait de Mattikofen, le 24 nivôse, à de Billy : « A la

(*a*) Ordres généraux de l'armée de Mayence, 13 pluviôse an VI. (Archives historiques. Dépôt de la guerre.) Arrêté du Directoire. (Archives nationales, A F. III.)

(*b*) Hendelet (Étienne, comte), général de brigade le 5 février 1799, général de division le 24 décembre 1805.

traité de Lunéville. De Billy fut alors chargé de faire rentrer les contributions imposées aux états de Wurtemberg et, le 1er mars 1801, il eut ordre de ramener la division Souham sur les bords du Rhin. Le mouvement rétrograde était achevé le 15, et les troupes cantonnées sur les deux rives du fleuve.

---

belle affaire du 12, lendemain de mon arrivée, c'est ma brigade qui, la première, a pris l'offensive sur l'ennemi, qui nous attaquait vigoureusement depuis trois heures ; nous avons bien réussi, tué beaucoup de monde, enfoncé la tête de colonne et commencé la grande débâcle que Richepanse a rendu complète en arrivant sur les derrières et le flanc. Je n'ai pas encore vu le rapport ; mais je sais que, par ma faveur accoutumée, ma brigade n'a pas été citée ; on s'est contenté de parler de la division. Aujourd'hui, je ne sais pas si tu l'as remarqué, mais, depuis qu'il y a des lieutenants généraux, nos actions ont baissé au moins de 25 p. 100. »

CHAPITRE V

De Billy philosophe et historien militaire.
Sa vie. — Ses œuvres. — Sa mort.

L'armée de Moreau ayant été dissoute, le général de Billy ne resta pas longtemps inactif, car, dès le mois de décembre 1801, il fut attaché à la 24ᵉ division territoriale sous les ordres du général Belliard, et envoyé à Anvers pour commander le département des Deux-Nèthes. Il parvint, tout en ménageant le sentiment national des populations nouvellement réunies à la France, à établir un ordre parfait dans toute la circonscription soumise à ses ordres, à y faire respecter le nom français, à calmer les défiances d'un peuple ombrageux, à inspirer enfin à ses subordonnés une affection sincère qui se manifesta, de la façon la plus éclatante, lorsque plus tard il quitta ce département (¹).

Grâce à sa fermeté et à sa vigilance, il réprima les désordres que commettaient dans ces contrées les bandes de réfractaires, de contrebandiers, de

---

(1) Le général de brigade de Billy a été nommé membre de la Société d'émulation d'Anvers pour récompenser le zèle et l'application utiles aux sciences et aux arts le 15 germinal an X. (Archives de M. de Billy.)

malfaiteurs de toute espèce, connues sous les noms de *garrotteurs* et de *chauffeurs*.

Les soins de ce gouvernement militaire, qui dura environ vingt mois, ne l'empêchèrent point toutefois de consacrer quelques loisirs aux études sérieuses, qui faisaient le charme de sa vie et que l'agitation des camps l'avait forcé d'interrompre. Il réunit alors les notes recueillies pendant ses campagnes et rédigea plusieurs mémoires relatifs aux événements militaires des années précédentes. Ses œuvres inachevées offrent une matière considérable à exploiter, tant pour les renseignements historiques que pour la discussion des opérations de guerre auxquelles il a assisté. On y trouve dans de nombreux fragments des idées de philosophie militaire qu'il échangeait en maintes occasions avec Mathieu Dumas [1], son chef et son ami, et que nous essaierons de présenter dans leurs grandes lignes. Les extraits et les annotations des auteurs militaires anciens faits par de Billy peuvent servir aussi à fixer sa doctrine.

Tout d'abord, nous résumerons les idées du général de Billy dans une formule qui nous permette d'établir qu'en les étudiant nous faisons œuvre profitable à tout militaire, à toute époque de la carrière.

L'officier est essentiellement homme d'action [2],

---

[1] Mathieu Dumas, chef d'état-major de Davoust.
[2] *Passim*. Lettre à M. Castagnier, à Durutte.

mais d'action intelligente et produite, dans tous les cas, par un acte synthétique qui présente instantanément à son esprit tous les facteurs moraux et matériels qu'il doit mettre en œuvre. En un mot, à quelque degré qu'on soit d'une hiérarchie qui confère la disposition absolue de la vie d'autrui, il faut faire œuvre de philosophe (1).

Or, cette synthèse, nous devons la faire à chaque phase de notre évolution personnelle, puisqu'elle comporte les données expérimentales et acquises du métier, puisqu'elle nécessite les déductions rationnelles de la science, et nous ne pouvons même la faire que de cette façon. Elle exige aussi la connaissance de plus en plus approfondie de l'homme, à mesure qu'on acquiert plus de droits sur lui ; non pas seulement la connaissance du cœur humain, mais celle de l'entité humaine. L'art qui complète la synthèse peut seul se révéler plus ou moins tôt, quand il se révèle ! Mais, dans ses notes et dans son système de perfectionnement personnel, de Billy n'en parle pas. C'est seulement dans ses écrits et ses discussions historiques qu'on peut chercher ce qu'il en pense, et cela, nous ne l'entreprendrons pas quant à présent.

Jeté subitement au milieu d'une carrière pour laquelle il n'était pas préparé, de Billy, tout en se donnant entièrement à l'enthousiasme nouveau, sut

---

(1) Lettre du 12 messidor an VI.

écouter sa raison. Il comprit qu'il pouvait rendre des services immédiats en utilisant son instruction scientifique et il choisit l'artillerie. Mais il comprit aussi, bien qu'il fût, comme on l'a déjà pu voir, d'une modestie à toute épreuve, que, dans le remous qui confondait alors les hommes de toutes les origines, ses connaissances et son intelligence lui faisaient un devoir d'être en mesure d'affronter les responsabilités du commandement. Son plan, dicté par une conscience dont la maturité était suffisante pour résister aux entraînements passionnels du mouvement social, fut la simple application de sa formule : Apprendre le métier, d'une part, compléter en même temps et continuellement sa connaissance de l'homme.

Pour lui, l'apprentissage du métier fut d'autant plus compliqué que son instruction générale le désigna de suite pour servir dans l'état-major et que son acquit antérieur était plus restreint au point de vue technique. Néanmoins, il aborda courageusement une besogne qui, en somme, est accessible à tous ; la manœuvre et les détails du commandement des trois armes lui devinrent peu à peu familiers, trop lentement, à son gré, car, en 1795 encore (¹), il refusait un régiment de cavalerie parce que ses connaissances techniques ne lui paraissaient pas suffisantes. Bien qu'il n'y eût pas de réglementation

____

(1) Lettre au ministre de la guerre, 20 décembre 1795. (Archives de M. de Billy.)

à ce sujet, il fallait qu'un officier d'état-major pût commander un détachement des trois armes agissant isolément ou en liaison avec d'autres troupes et, en fait, tous les adjudants généraux exerçaient de tels commandements en vue de missions particulières (1).

Mais de Billy pose en principe que l'officier éprouverait de grosses déceptions qui s'en tiendrait à un bagage purement technique. L'application exacte des règles du métier est un moyen qui doit se plier aux situations de guerre, toujours variables et fonctions d'éléments hétérogènes. Or, l'appréciation et la gradation des moyens sont la prérogative du chef. Pour former son jugement, il ne lui faut donc pas des règles immuables, mais des idées générales (2) obtenues par des études orientées dans le sens le plus large, en faisant continuellement abstraction d'un but immédiat. Dans l'action et dans un cas déterminé, ce faisceau d'idées viendra s'adapter aux considérations particulières du moment et concourir à l'exécution projetée. Si la troupe marche (3) pour établir un camp ou pour se porter à l'ennemi, il faudrait formuler une infinité de prescriptions réglementaires, suivant la situation géné-

---

(1) On a vu que de Billy refusa également le grade de général de brigade. Hoche n'avait pas accepté, pour les mêmes raisons, le grade d'adjudant général chef de bataillon en 1793 (*Vie de Hoche*, BONNECHOSE, p. 41). Ney renvoya aussi en 1799 son brevet de général de brigade, en invoquant « son besoin de s'instruire ». (Archives historiques. Dépôt de la guerre.)

(2) Rapport sur la frontière des Alpes. (Archives de M. de Billy.)

(3) Étude sur les ordonnances. (Archives de M. de Billy.)

rale de l'armée, l'état moral de la troupe considérée
et de celle qui marche auprès d'elle, le terrain et la
température, la facilité de se procurer des vivres et
d'entretenir les forces des hommes et des animaux.
Tout cela doit se présenter à l'esprit du chef, qui en
déduit la conduite la plus convenable, sans avoir à
se reporter à une règle fixe ni à une idée préconçue.
Ce qui est vrai pour les études techniques, remar-
que-t-il, ne saurait s'appliquer au domaine de la
conception, où la raison reconnaît des règles immuables vérifiées dans l'évolution (¹).

Donc, études générales (²) : géographie, topogra-
phie, fortification, tir, etc., mais dirigées de façon à
associer un certain nombre d'idées destinées à produire le réflexe au moment voulu : voilà la méthode
préconisée. Elle est d'autant plus essentielle à noter
qu'elle a été employée par tous les hommes de
guerre (³). On a pu ne pas la définir exactement
pendant une époque où la guerre absorbait tout le
temps et tenait lieu de méthode ; on a pu l'oublier
pendant certaines périodes de paix où l'on s'est
ingénié à tout réglementer ; mais on y est revenu
avec ferveur et aujourd'hui elle est devenue un article de foi militaire.

____

(1) Lettre à M. Castagnier.
(2) Dans ses notes données aux officiers sous ses ordres, de Billy fait
ressortir pour les officiers instruits la façon « philosophique » dont ils se
servent de leurs connaissances. Dans une lettre à M. Castagnier, il dit que
« tout bon instructeur doit être avant tout philosophe ». (Archives de M. de
Billy.) Notes du capitaine Corbin.
(3) Voir Bugeaud, de Brack.

Dans tous les extraits faits par de Billy des auteurs militaires de l'antiquité, du xviie et du xviiie siècle (¹), on peut suivre facilement cette préoccupation constante de noter des idées générales; puis, dans ses études historiques, ces mêmes idées sont mises en lumière dans des cas particuliers très nombreux et considérés à des époques très différentes (²). C'est évidemment une forme primitive et personnelle de la méthode actuelle (³), méthode essentiellement française, dont on trouve les éléments dans les écrits des chefs militaires de l'époque napoléonienne (⁴), presque tous frères d'armes et amis d'études de de Billy. Il convient de rendre entièrement au génie français ce qui lui est dû. La méthode qui a conduit à la doctrine (⁵) et qui a été consacrée par elle n'est pas imitée des Allemands (⁶); elle appartient à l'évolution de la conception française de la guerre (⁷).

-----

(1) Follard, Puységur, Feuquières, Lettres de Turenne, Chamlay. (Archives de M. de Billy.)

(2) Notes et principes sur l'art militaire. (Archives de M. de Billy.)

(3) La méthode concrète. (V. *Une conception scientifique de l'armée*, par le capitaine Durcis. Baudoin, 1898.)

(4) Soult, Gouvion Saint-Cyr, Mathieu Dumas, Napoléon, *passim*.

(5) Bonnal, *Cours de l'École de guerre*.

(6) Verdy du Vernois, de Moltke.

(7) Voir page 171.
Qu'il nous soit permis de rendre à ce sujet un suprème hommage à la mémoire du héros de Boshof, notre ancien colonel, qui nous avait honoré d'une amitié particulière, M. le comte de Villebois-Mareuil. Il nous disait souvent que deux de ses soucis les plus essentiels, comme chef de corps, étaient l'instruction de ses cadres et le contact moral qu'il lui appartenait de créer entre eux et la troupe. Nous verrons plus loin comment il obtenait ce contact moral. Pour l'instruction des cadres (officiers et sous-officiers), il estimait que, le bagage réglementaire étant acquis, il fallait développer, d'un bout de l'année à l'autre, l'aptitude à la synthèse, et lui-même faisait

Quant à l'homme, de Billy estima que pour le connaître ce n'était pas assez de vivre à son contact. Placer l'homme dans le milieu social où il agit, étudier son évolution contemporaine dans ses grandes lignes et, autant qu'il est possible de le faire, posséder dans le plus grand détail son évolution antérieure, les rapports qui lient sa nature à son histoire, voilà le bagage essentiel du chef militaire, voilà la seule base ferme sur laquelle il pourra tabler pour développer son aptitude à l'action, c'est-à-dire à la mise en œuvre de l'élément humain.

Et cette philosophie générale est imposée à de Billy, non pas seulement par le grand bon sens, mais par les lois de l'évolution. Le mélange de tous les éléments vitaux de la nation ([1]), le rapprochement violent des jeunes gens qu'amènent les levées volontaires, puis les réquisitions, forcent le chef à tenir compte des conditions générales d'existence de l'armée nouvelle. Ce n'est plus le bloc aveugle et impersonnel de l'armée mercenaire, c'est la fusion de l'admirable et insouciante valeur de la maison du

___

des conférences sur des sujets d'études générales. Puis, les réunissant sur le terrain par fractions, il proposait à ses cadres des thèmes où chacun trouvait à exercer sa part d'activité cérébrale et d'initiative. C'était la méthode concrète appliquée d'une façon continuelle et avec toutes ses conséquences, abstraction faite de toute époque de l'instruction de la troupe, chaque gradé devant être apte à remplir les fonctions du grade supérieur du jour de sa nomination.

Il suffit d'ailleurs de lire les études militaires du colonel de Villebois-Mareuil (*Revue des Deux-Mondes*) pour se rendre compte de l'importance qu'il attachait aux idées générales dans l'instruction du chef militaire et de la conception philosophique qu'il avait de la guerre.

(1) *Notes sur l'armée nouvelle.* (Archives de M. de Billy.)

Roi avec la volonté intelligente et passionnée de toute une génération qui s'est créé des devoirs et qui n'a encore, à défaut d'expérience, que le désir de les remplir. A cette force nouvelle ayant sa source dans tout un siècle de philosophie, il faut une organisation parallèle ; à ceux qui la gouvernent, il en faut une idée adéquate.

Aussi, voyons-nous tous les généraux de la Révolution entrer avec enthousiasme dans cette voie, quelques-uns même y brûler leur ardeur et mourir sans avoir pu atteindre à la réalisation de leur désir (¹) de compléter leur instruction générale et d'achever leur synthèse philosophique. Tous prouvent par leurs écrits ou par leurs études habituelles qu'ils ont compris leur tâche et que pour être chef militaire la seule technique ne suffit plus, alors que l'élément mis en œuvre est devenu non pas encore une intelligence véritable, mais un instinct (²). Car la transformation ne s'est pas faite tout d'un coup, et, certes, les réquisitionnaires de Sambre-et-Meuse et de l'armée d'Italie (³) ont agi plutôt sous l'influence d'un réflexe que par déduction logique.

Mais l'on a fait justice déjà aussi bien de la légende des volontaires que de cette dangereuse théorie qui

---

(1) BERGOUNIOUX, *Vie de Hoche*. Si M. Bergounioux a pu dire que Hoche est mort par la contrainte qu'il dut s'imposer vis-à-vis de ses inférieurs en raison de son manque d'instruction générale, on peut dire aussi que Marceau a beaucoup souffert des nombreuses lacunes qui existaient dans la sienne.

(2) Voir général AMBERT, *Les généraux de la Révolution*.

(3) Camille ROUSSET, *Les volontaires*.

présentait les généraux de la République comme des hommes d'inspiration miraculaire. Très ingénieuse pour déprécier systématiquement une philosophie synthétique des rapports sociaux, cette théorie est du reste spécieuse, car elle va à l'encontre de l'évolution indéniable de l'esprit humain vers la liberté. L'esprit se dégageant des liens de la matière, prenant son essor en dépit des obstacles de la nature, c'est bien au plus haut titre le propre de la véritable inspiration militaire, tandis que le miracle c'est l'inconscient. On nous a appris combien Kléber, Hoche, Marceau, Bonaparte avaient travaillé, quelle prodigieuse assimilation ils avaient faite de l'histoire et de la philosophie, et nous savons que leurs auteurs favoris étaient, avec César, Xénophon et Polybe, Sénèque, Montaigne, Pascal et Descartes.

Comme eux, de Billy se mit au travail au début de sa carrière et mena de front l'étude de l'histoire militaire et la philosophie de l'histoire générale, l'étude des auteurs anciens qui ont fixé à jamais les traits les plus subtils du cœur humain et celle des auteurs du XVIIIe siècle qui avaient imprimé à l'homme d'alors une allure particulière. À l'antiquité de nous faire connaître, en effet, l'être immuable, aux modernes et surtout aux contemporains de nous expliquer le fonctionnement cérébral toujours actif et soumis à d'incessantes fluctuations. C'est là un des principes de la méthode d'instruction que de Billy appliqua et qu'il convient de conserver.

En observant l'homme dans l'histoire, de Billy se préparait à étudier l'évolution des sociétés dans un de ses traits les plus caractéristiques, c'est-à-dire l'évolution militaire. La guerre, qui est une forme du développement intellectuel, se fait avec un outil créé de toutes pièces par le cerveau humain. L'armée est donc le reflet d'un état d'âme et d'un état matériel; elle est la résultante d'une constitution et d'une aspiration générales. Son recrutement et son organisation sont les corollaires de toute une philosophie, et les séparer de la sociologie serait un contre-sens. Aussi de Billy les étudie-t-il dans leurs rapports intimes et recherche-t-il le meilleur mode de recrutement qui puisse donner à la France « une armée vraiment nationale » après avoir étudié les divers modes de recrutement que l'histoire ancienne et l'histoire moderne lui permettent de considérer.

Dans les notes sur le recrutement et l'organisation, de Billy donne de curieux détails sur le recrutement en usage à l'époque où il commandait le département des Deux-Nèthes (1804).

Le mode de recrutement actuel est le meilleur qu'on ait pu imaginer. Le meilleur mode de recrutement possible est qu'on devroit mettre sous les drapeaux une armée vraiment nationale, l'effroi de toutes les puissances; la cause de la gloire de l'empire français.

Mais on ne peut se dissimuler que l'exécution de ce mode se fait mal. Les vices qui s'y sont glissés sont une des sources principales de la désertion. Les autres sont l'insouciance des magistrats de quelques départemens qui ferment les yeux sur

le retour des déserteurs au sein de leur patrie et quelquefois
même cherchent à les soustraire aux poursuites de la gendarmerie, enfin l'insuffisance des punitions contre les déserteurs.

La levée des conscrits dans les départemens est confiée à
des capitaines que les corps de l'armée envoyent pour obtenir
leur contingent. Ces officiers n'ont point qualité suffisante
pour en imposer aux maires qui sont chargés du travail fon-
damental de la conscription, savoir : d'établir les listes de
jeunes gens qui en ont atteint l'âge, de faire procéder au tirage
qui détermine les conscrits de la classe active et de la réserve.
Enfin de constater les lieux de naissance et domicile de leurs
remplaçants.

Une trop malheureuse expérience a appris que beaucoup
de ces capitaines n'ont pas eu assez d'autorité pour découvrir
la conduite frauduleuse de quelques maires qui ont fait un
trafic honteux des fonctions importantes qui leur sont confiées.

La loi sur la conscription a créé une autorité : le conseil
de recrutement, dont on a trop resserré les attributions au
lieu de se borner à juger seulement des cas d'exemption, elle
aurait pu l'établir le principal agent dans la levée des conscrits, elle aurait fait disparaître par là tout moyen de séduc-
tion.

Les officiers recruteurs ne devraient être dans les départemens que pour recevoir des mains du conseil les hommes qui,
désignés dans les communes et amenés devant lui par les
maires, auroient été trouvés propres au service.

Dès le lendemain de leur admission qui se feroit en présence des officiers, eux-mêmes étant chargés de les faire toiser,
on les feroit partir pour les corps, ou ceux admis ou les remplaçants qu'ils seroient tenus de présenter de suite mais por-
teurs de papiers suffisants, et on est fondé à croire que les
maires apporteroient la plus grande attention à ne donner
leur signature qu'à ceux qui ne craindront pas la moindre
discussion.

Il est de notoriété que la désertion pèse en plus grande
partie sur les remplaçants. La conscription amène dans nos

rangs des hommes qui ne sont point nés sur le sol de l'empire et n'y ont jamais résidé. La facilité avec laquelle on admet les remplaçants a donné naissance à un métier infâme que professent même des François, celui de se vendre dans la même année au moyen de la désertion à des communes de différens départemens.

Mais toutes ces études de « spéculatif » ne sont qu'un prélude pour l'action. Elles ont pour but de former le fonds riche qu'exploitera l'homme qui doit avoir la charge d'âmes et la responsabilité de vies humaines. Le chef acquerra ainsi, dans le commandement de chaque jour, dans l'instruction, dans toutes les applications de son métier, une délicatesse particulière et une sûreté remarquable pour l'adaptation des moyens au but ; ce qui est une des plus grandes difficultés à résoudre (1), surtout quand il s'agit d'associer des énergies humaines.

Ce ne sera pas seulement une expérience brutale qui l'engagera à orienter de telle ou telle façon la vie militaire de sa troupe, ce sera une expérience doctrinaire qui devient atavique chez les hommes de guerre. Nuancer le commandement suivant la

---

(1) Voir aussi MAILLARD, *Éléments de la guerre,* p. 132 (Baudoin, 1891): Archives de M. de Billy : Lettres à Robert, de Nancy. Cette pensée est à comparer à la suivante, que nous résumons et que nous avons entendu si souvent émettre par M. le colonel de Villebois-Mareuil : Le terre-à-terre du métier n'appartient pas à l'officier ; on nous y cantonne trop souvent et il faut réagir, car c'est un péril d'une gravité exceptionnelle. Le temps n'est plus où la seule cohésion donnera la victoire. Les temps sont nouveaux et c'est de l'exploitation nouvelle des volontés intelligentes, des initiatives, que jailliront les plus grands résultats. C'est se condamner à l'infériorité que de ne pas considérer les officiers comme le cerveau d'un corps dont l'ossature est formée par les sous-officiers.

race et suivant les aptitudes dans la race, cela dérive avant tout d'une connaissance complète des conditions d'existence, et d'origine des soldats.

Ces études serviront à exalter tous les sentiments qui concourent chez le chef à former un courage particulier, le goût des responsabilités. D'ailleurs, le courage est toujours une synthèse.

Pourquoi, dit de Billy (1), distinguer le sang-froid du courage? Le premier est la suite nécessaire du second, c'est même ce qui fait distinguer le courage de la bravoure. Autant l'un est paisible, autant l'autre est vive, impétueuse et souvent irréfléchie.

Le courage est une habitude constante de l'âme, la bravoure est une fièvre violente qui s'empare momentanément de nos sens et ne peut avoir un long temps.

C'est le courage dans un général, c'est le génie, c'est sa capacité, c'est le coup d'œil prompt et assuré, c'est le sang-froid, c'est la connaissance exacte du pays, c'est le choix qu'il devra faire des officiers sous ses ordres, c'est la discipline qu'il établira dans son armée qui lui feront prendre des mesures assez justes pour faire manquer celles de l'ennemi.

En tête de ses notes et principes sur l'art de la guerre (2), de Billy rappelle qu' « Alexandre le Grand ayant des projets sur une place s'informa si celui qui la commandait était homme de tête et de courage. On lui répondit que non. Il dit alors que la place était prenable puisqu'elle manquait de sa principale fortification. »

____

(1) *Notes sur les vertus morales,* par le général DE BILLY. (Archives de M. de Billy.)

(2) Dossiers des écrits. (Archives de M. de Billy.)

Il est inutile d'insister sur l'importance que de Billy reconnaît aux vertus morales. C'est un autre article de foi militaire que la prédominance de ces facteurs sur tous les autres dans la guerre et dans le caractère des hommes de guerre à tous les degrés de l'échelon.

Mais nous allons voir que de Billy y voit, en outre, un développement qui prouve encore l'influence de la guerre sur l'essor de l'esprit humain [1]. Il ne faut pas que la guerre naisse des querelles personnelles des chefs de nations, elle doit n'être plus motivée que par les querelles des nations elles-mêmes, et les chefs doivent considérer comme le premier des devoirs de ne rien y mêler qui soit de leur intérêt particulier.

La querelle qu'on veut venger en déclarant la guerre, dit-il [2], est toujours ou presque toujours celle avec le chef de la nation contre laquelle on prend les armes. Le peuple n'est pour rien dans l'insulte qu'a pu faire celui qui le gouverne, et cependant tout le poids de la guerre porte sur ce même peuple.

Il seroit à désirer, quand le chef d'une nation a de mauvais procédés envers celui d'un autre, qu'il y eut un moyen d'arrangement particulier entr'eux sans le concours de leurs sujets. C'est un grand abus de pouvoir d'enlever à sa famille, à ses travaux domestiques un citoyen pour l'associer à la vengeance d'une injure qui lui est étrangère, c'est une injustice criante de prendre cette vengeance sur la personne et les

---

(1) Voir l'analogie de cette pensée avec celle de Michelet, dans l'Introduction du *Discours sur l'histoire universelle*.

(2) Discours préliminaire. (Archives de M. de Billy.)

propriétés d'un citoyen qui n'entre pour rien dans le dessein que son chef peut avoir eu d'insulter celui d'une autre nation.

Le chef d'une population qui, pour servir son ambition ou par quelque motif d'intérêt particulier, entraîne son peuple dans une guerre, est un monstre dont il faut se hâter de purger la terre. Le seul cas où une guerre me paroîtroit juste seroit celui où une nation entière se léveroit contre sa voisine pour l'opprimer et l'asservir.

Il n'y a rien d'absurde comme les manifestes dont on fait précéder les déclarations de guerre. Il y a longtemps que l'opinion publique en a fait justice, cependant on n'entre jamais en campagne sans en lâcher de part et d'autre et chacun sait de son côté qu'ils ne seront pas lus ou qu'ils n'obtiendront point créance de ceux qui les liront.

La guerre doit donc être une œuvre de justice et les chefs militaires doivent être la plus haute expression de la puissance morale nécessaire à son accomplissement. Le courage, le caractère, la bonté sous toutes ses formes, voilà leurs attributs, qui, complétés par la pensée, doivent créer la confiance. Ici encore, de Billy marque une des phases de la conception du chef militaire telle qu'elle nous apparaît maintenant [1]. Sa correspondance avec ses chefs, ses subordonnés, ses amis, est féconde en enseignements de la plus haute portée [2] et nous y apprenons comment il savait acquérir la confiance de tous par l'affection. Il faisait de ce sentiment un puissant moyen de commandement. La discipline pour lui

---

[1] Izoulet, *La Cité moderne*, Alcan; général Bonnal, *Frœschwiller*.

[2] Lettres à du Buisson; à Fanart, ex-maréchal des logis de la gendarmerie nationale; à Durutte, etc.

était, en effet, non pas une expression rigide et catonienne, mais une conséquence de la valeur morale de chaque individu qu'il appartient à chacun des différents chefs dans la hiérarchie d'adapter au but commun. Or, pour atteindre ce but, il faut acquérir une connaissance suffisante du caractère et des aptitudes du soldat, lui fournir par une affection réelle l'occasion de se livrer entièrement. Œuvre délicate et lente, mais du plus haut intérêt et qui est l'une des plus belles prérogatives du chef [1]. Cette méthode est, pour l'officier d'aujourd'hui, un sujet de méditations bien nombreuses, car l'esprit militaire ne peut plus se former exclusivement par la tradition en raison de la courte durée du service. C'est alors par la liaison morale du chef et de sa troupe que cet esprit peut se développer, puis créer une discipline raisonnée et basée sur la confiance dans les sentiments et dans la valeur du commandement.

Les éléments d'instruction indiqués par de Billy

---

[1] Qu'on nous permette de faire encore un rapprochement entre les idées de de Billy et celles du colonel de Villebois-Mareuil. Ce dernier avait développé au 67e cette méthode d'une façon toute particulière et avait obtenu de merveilleux résultats. Tous ses officiers étaient tenus de pénétrer dans la vie de leurs hommes aussi profondément que le permettaient les rapports de service et lui-même se faisait, par l'affection, une place particulière dans la vie de ses cadres, du plus grand nombre possible de ses soldats. Ces derniers étaient l'objet de sa plus grande préoccupation au moment de leur arrivée au corps. Pour les lier avant tout à leurs chefs, il faisait organiser dans chaque compagnie de petites fêtes, comédies, conférences, etc., où il assistait et où assistaient les officiers de la compagnie et leur famille. Il créait ainsi, dès le premier jour, la confiance, puis il passait à l'instruction, et nous savons par expérience quels efforts il savait obtenir d'hommes dont il avait conquis le dévouement.

peuvent nous sembler parfois très simples en raison de notre éducation militaire actuelle, mais il importe de les considérer à l'époque où il les fixait et de leur donner leur place exacte. Nous les retrouverions avec des formes personnelles dans les écrits militaires de ses contemporains et nous pourrions distinguer combien la doctrine française, résumée, non pas spontanément, mais par une assimilation d'une rapidité et d'une puissance merveilleuses, en Napoléon[1], est différente de la doctrine allemande.

La guerre est une forme du développement social. L'apprentissage à la guerre est donc une des parties de la philosophie sociale. Moi, je suis un civil, disait Napoléon[2].

La guerre est une forme de l'art, et l'ambition toujours inassouvie caractérise l'homme de guerre, voilà le critérium que par une véritable inconscience les Allemands ont dégagé de leurs études[3].

---

[1] Général PIERRON, *Comment s'est formé le génie militaire de Napoléon ?*

[2] IZOULET, *La Cité moderne.*

[3] YORK DE WARTEMBURG. *Napoléon chef d'armée.* De Moltke. Dans sa dernière conférence, le colonel Bernhardi, tout en tenant compte, comme von der Golz, des facteurs sociaux, leur donne surtout une valeur idéale au point de vue militaire, tandis qu'il pose cet axiome, renouvelé de Mirabeau, que c'est par la guerre seule que sa patrie peut devenir toujours plus grande et plus prospère. C'est donc bien l'industrie nationale et, pour l'exercer, c'est aussi bien l'ambition artistique et insatiable du souverain, de la nation, de l'homme de guerre qu'il faut mettre en œuvre. C'est l'art qui prédomine dans cette conception, tandis que, dans la nôtre, ce sont les fins sociales et évolutionnistes de l'humanité (a). L'état-major français a d'ailleurs fait ressortir la contradiction impliquée entre l'idéalisme formulé par Bernhardi et les résultats matériels du système allemand. (Voir *Revue militaire,* mai 1900.)

(a) Voir IZOULET, *La Cité moderne.*

Mais nous ne pouvons nous permettre ces constatations que pour mieux marquer le rôle joué par de Billy dans le drame de l'évolution ; les discuter et en dégager des conséquences serait sortir de notre tâche et de notre compétence.

Quant aux questions d'art que de Billy traite dans ses notes ou dans sa critique historique, nous répétons qu'il ne nous appartient pas non plus encore de les rassembler pour en présenter une synthèse.

Comme historien militaire, il avait voulu attendre un certain temps pour fixer définitivement les faits qu'il avait vus lui-même ou dont il avait été contemporain. Ses travaux sont donc restés inachevés puisque la mort l'enleva à 43 ans au moment où il venait justement de rassembler les documents très détaillés qu'il voulait mettre en œuvre. Ce qui sera donc produit de ses œuvres n'aura probablement pas le caractère qu'il aurait voulu lui donner après quelques années de réflexion et de renseignements. Mais cette partie des archives de de Billy offre des matériaux précieux à tous ceux qui par goût ou par métier se livrent à l'étude passionnante de l'histoire militaire.

Quand le premier Consul vint à Anvers, en juillet 1803 ([1]), le général de Billy s'y trouvait encore ;

([1]) Voir aux Annexes (p. 207) la curieuse lettre de Durutte à M. de Billy au sujet de la façon dont il faut se comporter vis-à-vis du premier Consul. Les appointements des officiers généraux étaient fort peu élevés. Durutte écrivait, le 30 ventôse de l'an X, à de Billy : « Comment te trouves-tu à Anvers ? Il y fait sans doute aussi cher qu'ici (à Bruges). Pour moi, je ne puis vivre avec mes appointements et je soutiens qu'il est impossible qu'un général commandant un département soutienne la dignité de son grade

mais, le 31 août, il fut envoyé au camp de Bruges sous les ordres de Davoust. Il y commanda temporairement la 1ʳᵉ division dont le quartier général était à Ostende.

Napoléon visita le camp de Bruges au mois d'août 1804 (¹) et récompensa les services de de Billy, tant dans l'armée active que dans le commandement de la subdivision territoriale des Deux-Nèthes, en le nommant commandant de la Légion d'honneur. Au mois de mars suivant, il admit le fils aîné du général au nombre des pages de sa maison.

Le camp de Bruges ayant été levé pendant l'automne de 1805, le corps du maréchal Davoust se rendit, à marches forcées, des bords de l'Océan jusqu'en Allemagne. Le général de Billy se signala par sa bravoure à la bataille d'Austerlitz (²), et il en fut récompensé par un avancement de classe dans la Légion d'honneur.

Son courage héroïque ne fut pas moins remar-

----

avec aussi peu d'appointements qu'on nous a accordés. On dit que le général Dumont, qui est à Gand, vit à l'auberge, comme un capitaine ; j'aimerais mieux me retirer que d'avilir l'état militaire jusqu'à ce point. » (Archives de M. de Billy.)

(1) Le 20 frimaire an XII, le général de Billy avait été nommé membre de la Légion d'honneur.

(2) Pendant l'attaque de Blasowitz par la droite du maréchal Lannes et la gauche de Bernadotte, un corps de dragons russes, ayant débordé la droite de la division Caffarelli, perça jusqu'à la seconde ligne entre le 17ᵉ régiment et le 61ᵉ. Le général de Billy, qui les commandait, ayant fait former les carrés, cette troupe fut écrasée sous le feu de mousqueterie. Le général Nansouty saisit ce moment pour charger avec ses cuirassiers et culbuta tout ce qui se trouva devant lui. (Mathieu Dumas, 1805, vol. IV, p. 184.)

quable à la journée d'Auerstædt, où il reçut le coup de la mort. Le 14 octobre 1806, dès l'aube du jour, les divisions d'infanterie du corps de Davoust avaient pris position sur un plateau situé près de Naumbourg. Le gros de l'armée prussienne, fort d'environ 70,000 hommes, qui marchait sur Berlin, se heurta contre ce corps, qu'il résolut de traverser ou d'écraser par sa masse. L'attaque la plus formidable fut en partie dirigée contre la brigade du général de Billy (1), dont les troupes s'étaient formées en carrés. Les 51e et 61e de ligne composant cette brigade ne se laissèrent point entamer par le choc de la cavalerie et essuyèrent avec non moins de constance le feu d'une artillerie redoutable qui les accablait de mitraille, à tel point que la place des carrés se reconnaissait encore le lendemain par quatre lignes de cadavrés. Ces braves soldats ne

---

(1) La division Morand, dont faisait partie la brigade de Billy, reçut l'ordre de venir s'appuyer à la gauche de la division Gudin, qui défendait Hassen-Hausen. Vers dix heures, les bataillons de la division Morand marchaient en colonne à grande distance et s'avançaient de front dans le plus bel ordre : la brigade du général de Billy (51e et 61e régiments) obliquait à gauche, le 30e régiment suivait le mouvement pour exécuter une contre-attaque contre la ligne d'infanterie qui attaquait Hassen-Hausen. Le prince Guillaume de Prusse, à la tête d'un corps nombreux de cavalerie (division Wartensleben et une grande partie de la réserve), essaie d'enfoncer la division Morand, mais n'y réussit pas et est mis en déroute particulièrement par les feux croisés des carrés de la brigade de Billy et du 30e régiment. Après cet échec de l'attaque du prince Guillaume, la droite de la division Morand commença à gagner du terrain. Le général de Billy, avec le 61e régiment, s'avança vers la tête du ravin qui conduit à Rehausen ; une masse d'infanterie y avait pris position, elle était soutenue par un grand nombre de bouches à feu ; le choc fut rude, on était à portée de pistolet ; la mitraille faisait d'affreux ravages dans les rangs français ; le brave général de Billy fut blessé mortellement. (Bulletin n° 5, Archives de la guerre.) [Mathieu Dumas, 1806, *passim*.]

s'ébranlèrent que pour se porter en avant à la poursuite de l'ennemi, qui, voyant l'insuccès de ses efforts, opéra sa retraite.

Placé au centre du carré du 61ᵉ, donnant l'exemple du sang-froid et de l'intrépidité, de Billy fut frappé d'une balle à l'épaule gauche. Malgré la gravité de cette blessure, il ne quitta point son poste, et, peu d'instants après, un biscaïen lui traversa la poitrine [1].

Ainsi finit une carrière qui, sans avoir jeté un très vif éclat, se recommande néanmoins par des services aussi importants que nombreux, par un infatigable dévouement à la patrie.

N'oublions pas de rappeler que le corps du maréchal Davoust, où se trouvait de Billy, décida du succès de cette grande bataille et qu'il fut mis à l'ordre de l'armée.

---

[1] Bulletin de la Grande-Armée nº 5, 15 octobre 1806.
Le général de Billy fut remplacé dans le commandement de sa brigade par le colonel Bonnet d'Honnières, du 51ᵉ, qui fut promu général. (Bonnet d'Honnières, tué à Eylau.)

[2] Une note écrite de la main de M. Robert, le commissaire des guerres dont il a déjà été question, nous fait connaître que toute la correspondance du général et un grand nombre de ses papiers qu'il avait conservés ont été pris par les Russes à Eylau avec ses propres équipages. Heureusement, tout ce qui est antérieur à 1805 est entre les mains de la famille de Billy et forme, d'une part, un sujet d'études de philosophie militaire des plus précieux pour notre instruction, et, d'autre part, des fragments d'histoire d'une haute valeur, écrits par le général pendant son commandement des Deux-Nèthes. Des traductions de mémoires étrangers faites par le général, les registres d'ordres de ses différents commandements et de son service de chef d'état-major offrent une source extrêmement riche en renseignements. Il est évident que de Billy voulait écrire ses mémoires ou faire une histoire critique des campagnes auxquelles il avait pris part. Ce qu'il a eu le temps de classer et de rédiger mérite à plus d'un titre d'être publié.

L'Empereur, en mémoire des bons services de de Billy, lui reconnut le grade de général de division, qui lui aurait été conféré sur le champ de bataille, s'il eût survécu à ses blessures. Mᵐᵉ de Billy toucha le maximum de la pension accordée aux veuves des lieutenants-généraux. Enfin, par un décret du 3 novembre 1807, daté de Varsovie, Napoléon donna le nom de de Billy à l'un des quais de Paris ; l'article 2 de ce décret porte :

« Le quai sur lequel le pont d'Iéna doit s'appuyer du côté de Chaillot s'appellera *Quai de Billy*, du nom du général tué dans cette bataille (¹). »

Billy a laissé deux fils et une fille.

L'aîné de ses fils, Charles de Billy, sortit des pages, en 1807, pour entrer au 5ᵉ dragons. Devenu aide de camp du général Montmarie, il eut le bras droit emporté à la bataille de Sagonte, ce qui ne l'empêcha pas de continuer à servir dans l'armée active. A 21 ans, il était décoré et chef de bataillon au 3ᵉ d'infanterie légère, quand il fut tué d'un coup de feu sous les murs de Tortose, en 1813.

---

(1) Le 22 octobre, Davoust mande à Mᵐᵉ de Billy que, par ordre de l'Empereur, le nom du général sera inscrit sur l'Arc de triomphe. (Archives administratives. Dépôt de la guerre.) Le portrait du général de Billy est dans le salon des Glaces, à Versailles.

ANNEXES

Documents relatifs à l'affaire de Stromberg.

ARMEE DE SAMBRE-ET-MEUSE

5ᵉ DIVISION

Winlerbourg, le 19 brumaire 4ᵉ année républicaine.

L'ADJUDANT GÉNÉRAL DE BILLY, CHEF DE L'ÉTAT-MAJOR, AU CHEF DE BRIGADE DU 2ᵉ RÉGIMENT D'HUSSARDS

Le camp du général Marceau n'a pu s'établir à Wallhausen, ainsi que je vous l'avais marqué.

Il est, pour cette nuit, à Wenderheim; mais il sera posté demain de bonne heure à Wallhausen. Éclairez toute votre gauche par des partis qui se portent jusqu'à notre hauteur.

Faites monter à cheval demain à la pointe du jour, le reste de la cavalerie de l'armée en fera autant.

L'officier et son détachement, qui sont à Winlerbourg, ont leurs chevaux excessivement fatigués; je vous engage à ne pas les faire relever demain.

Salut et fraternité.

Signé : DEBILLY.

ARMÉE DE SAMBRE-ET-MEUSE

NALÈCHE A DEBILLY

Ce n'est pas sur le général Marceau qu'arrivent toutes les forces; il est venu à Burgen, il y a une heure, une colonne de cavalerie en manteau blanc; je dis colonne parce qu'elle tient un pays infini; il y a plus d'un régiment; elle a passé sur le pont. Environ 600 hommes d'infanterie la suivaient, mais se sont couchés dans les vignes au-dessus de Bingen; tout m'annonce une vive attaque et générale.

Je me retirerais bien, quand j'en aurai reçu l'ordre, sur Reinbulen, par Stromberg, mais j'aurais pu aller à Reinbulen par un chemin dans les bois où mon infanterie n'aurait pas été du tout compromise, et la cavalerie aurait pu suivre les pièces par Stromberg. Je ferai à cet égard tout ce que vous me prescrirez et le général Marceau.

Il est aussi à   , et ce que je pense qu'il faille faire si, en fesant ma retraite, je doive donner ordre aux gens d'armes de se retirer ainsi de suite et progressivement marchant, j'ai des compagnies qui ne peuvent décidément me joindre par Stromberg, puisqu'elles tiennent depuis Drekenhausen (*sic*).

J'attends votre réponse avec plaisir et garde bien pour moy seul encore le mouvement qui se prépare.

Salut et amitié.

Signé : NALÈCHE.

Waldestein, le 21 brumaire an IV de la République.

Ordre de la division (21 brumaire).

Le général Daurier partira demain à 4 heures précises de sa position, se dirigera par Stromberg sur Argenthal, en passant par Durenbach ; il laissera à Stromberg un demi-bataillon, tant pour tenir cette ville jusqu'à ce que l'ennemi s'en soit emparé de force, que pour protéger la retraite des troupes qui doivent passer par cet endroit. Il ordonnera au commandant qu'il y laissera de s'emparer de tous les postes qui assurent la position de cette ville. Aussitôt que le commandant verra qu'il ne peut plus tenir, il fera sa retraite en passant par la gorge ; un escadron de cavalerie sera aussi en mesure de soutenir leur retraite.

Le général Daurier prendra position en arrière de Barembach, de manière aussi à protéger la retraite de ce qui pourrait venir de Stromberg et de Schomberg ; après quoi, il viendra prendre sa position au camp de Argenthall et fera garder toutes les issues qui peuvent aboutir à cet endroit.

Dès le moment de son arrivée, il requerra tous les paysans pour faire occuper tous les chemins de traverse qui se trouvent aboutir au ruisseau d'Argenthall, ainsi que le chemin d'Ellern, dans le Sundwall et celui de Sundwall à Ritzweiller qu'il fera garder par un demi-bataillon de sa droite.

MARCEAU.

*Extraits du registre d'ordres du chef d'état-major,
en exécution des ordres ci-dessus.*

Du 21 brumaire 4ᵉ année républicaine.

AU CITOYEN BLANCHET, EMPLOYÉ AUX HÔPITAUX MILITAIRES

Retirez-vous avec votre subdivision d'ambulance et les malades jusqu'à Argenthal, vous y recevrez de nouveaux ordres.

Signé : DEBILLY.

Du 21 brumaire 4ᵉ année républicaine.

AU COMMANDANT MILITAIRE A STROMBERG

Faites évacuer sur Argenthal tout ce qui se trouve en voitures et chevaux à Stromberg. Je préviens l'ambulance de se retirer.

Vous attendrez, vous, que vous soyez relevé par les troupes qui viendront occuper la ville que vous commandez.

Signé : DEBILLY.

Du 21 brumaire 4ᵉ année républicaine.

AU COMMANDANT DE WINDSHEIM

Faites évacuer à l'instant sur Argenthal tout ce qui se trouve ici en voitures attelées de bœufs ou chevaux.

Vous prendrez les armes demain avec votre compagnie à 4 heures et demie du matin et viendrez prendre les ordres du général Marceau.

Signé : DEBILLY.

Du 21 brumaire 4ᵉ année républicaine.

AU COMMISSAIRE DES GUERRES SEVRET

L'armée reprend demain sa position de Rinbuten ; 3 bataillons de la 26ᵉ demi-brigade. Argenthal : les 24ᵉ et 123ᵉ demi-brigades. Guemingen : la 87ᵉ demi-brigade et un bataillon de la 172ᵉ. Arrêtez tout ce que vous auriez dirigé sur notre position actuelle et donnez ordre qu'on s'arrête dans les lieux que je vous ai indiqués.

Signé : DEBILLY.

Du 22 brumaire 4ᵉ année républicaine.

AU GÉNÉRAL DAURIER.

Je vous préviens, général, qu'il va se faire à Argenthal une petite distribution de sel. En conséquence, veuillez donner ordre aux 2 demi-brigades que vous commandez de faire leurs bons chacune pour 2 jours.

Signé : DEBILLY.

Du 22 brumaire 4ᵉ année républicaine.

A ARGENTHAL

Il est ordonné au bourgmestre de mettre à la disposition du chef de bataillon d'artillerie Seguin 50 paysans armés de pelles, pioches et haches, pour couper les chemins et faire des abatis qui leur seront indiqués par cet officier.

Les paysans seront rendus à 2 heures chez le bourgmestre qui les présentera au lieutenant-colonel Seguin.

Signé : DEBILLY.

Indépendamment de ses sapeurs, il trouvera aujourd'hui à

2 heures, rendus chez le bourgmestre d'Argenthal, 5o paysans d'Argenthal et 4o d'Ellern, armés de pelles, piques,
pioches et haches. L'ordre de les fournir a été donné à chacun des bourgmestres de ces deux endroits.

Il trouvera aussi chez le bourgmestre d'Argenthal deux
chasseurs du pays qui lui donneront tous les renseignements
dont il peut avoir besoin.

Signé : DEBILLY.

Du 22 brumaire 4e année républicaine.

AU CAPITAINE DES SAPEURS

Il est ordonné au capitaine commandant la compagnie de
sapeurs attachée à la 5e division de faire couper les routes
ci-dessous désignées et de faire faire des coupures, des abatis
considérables :

1° Le chemin qui conduit à Ellern par le travers du bois,
au-dessous des maisons faisant face à Dieremback ;

2° Celui qui passe par la verrerie traversant une forge et
venant à Grévenback ; il est plus bas que les maisons ;

3° Celui qui, traversant une prairie, aboutit aussi à la
verrerie et conduit au ruisseau d'Argenthal ;

4° Celui qui se partage sur la hauteur, au-dessus des maisons, en deux branches, dont l'une peut supporter le passage
des voitures et l'autre est trop étroite pour les charrois ; c'est
l'une d'elles qui conduit à Ritzwiller.

Ordre de Marceau (23 brumaire).

Le général Nalèche se retirera de la position qu'il occupe
à 4 heures précises du matin ; il dirigera son infanterie par
les bois et portera, savoir : le 3e bataillon de la 9e demi-brigade à Maumbach et Dietelbach ; le 3e de la 26e dans la posi-

tion de Runbullen. Il répartira les gendarmes à Baccarat, s'ils n'y sont déjà.

Le général Nalèche est prévenu qu'il se trouvera aux environs de Runbullen 3 escadrons du 11ᵉ de chasseurs et 4 de hussards, qu'il pourra distribuer, savoir : ceux du 11ᵉ régiment du côté de Dietelbach et les environs; ceux du 4ᵉ le seront par Treillard.

Le général Nalèche est prévenu que l'ordre a été donné pour que, aujourd'huy, les troupes qu'il a sur le Rhin, depuis Roppert jusques à Obervest inclusivement, soient relevées; comme, peut-être, il n'aura pas été prévenu de cette affaire et qu'il est impossible qu'il donne des ordres à cette troupe, il leur ordonnera de se rendre dans le jour de demain à Runbullen où elles camperont, faisant face aux débouchés des gorges, et à Baccarat, c'est-à-dire au-dessous du village de Runbullen.

La cavalerie du général Nalèche et son artillerie se retireront par les gorges de Stromberg, et elle sera placée de manière à deffendre ces gorges. Le général Nalèche aura son quartier général à Runbullen et veillera à l'entière et stricte exécution de ces ordres.

Il y aura un général de brigade à Saint-Goars avec qui le général Nalèche correspondra et qu'il instruira de tous les événements. Le général se propose de donner d'autres instructions dans le cas où, après-demain, on serait forcé à la retraite,

Le général Nalèche emmènera avec lui par les bois la cavalerie dont il croirait avoir besoin pour la défense du poste qu'il doit tenir, car il ne faut pas qu'il fasse une retraite précipitée.

Du 23 brumaire 4ᵉ année républicaine.

AU CITOYEN VILLAIN

Le général Marceau me charge, citoyen, de vous donner l'ordre de venir établir votre parc de réserve sur la route de

Kirkberg, en arrière de Simmern ; prenez vos dispositions pour que les convois que vous attendez viennent vous y joindre.

Envoyez-moi de suite l'état de situation général de votre parc quand le convoi sera arrivé près de vous.

Signé : DEBILLY.

Du 23 brumaire 4ᵉ année républicaine.

AU GÉNÉRAL NALÈCHE

Si vous n'êtes pas attaqué aujourd'hui, il sera bien que vous ne fassiez pas toutes les routes, mais de faire fermer tous les débouchés qui sont en avant de vous. Prenez donc les mesures nécessaires pour cette opération qui ne doit souffrir aucun retard.

Signé : DEBILLY.

Du 23 brumaire 4ᵉ année républicaine.

AU GÉNÉRAL DAURIER

La 59ᵉ demi-brigade devant arriver ce soir, elle passera sous vos ordres. L'intention du général Marceau est qu'elle soit cantonnée ainsi qu'il suit :

1 bataillon à Ritzwiller ;
1 bataillon à Holsbach ;
1 bataillon à Dieffembach ;

Vous voudrez bien prendre vos mesures en conséquence.

Signé : DEBILLY.

Du 23 brumaire 4ᵉ année républicaine.

AU CHEF DE BRIGADE TREILLARD

Le régiment tout entier de Chamboran sera avec le 3ᵉ bataillon de la 21ᵉ demi-brigade d'infanterie légère à vos ordres, mon camarade, comme il couvre le front et appuie le flanc du général Schlacter, vous n'en disposerez qu'en l'en prévenant, vous serez cependant le maître de les répartir dans les cantonnemens qui vous paroîtront les plus propres à remplir les intentions du général Marceau.

Signé : DEBILLY.

Du 23 brumaire 4e année républicaine.

AU COMMISSAIRE SEVRET

Un état de situation de vos magasins, je n'en ai pas reçu depuis que je suis à Simmeren.

Il était aussi arrêté entre nous que vous me préviendrez des distributions que vous pourrez faire et du nombre de jours pour lesquels vous les ordonnerez. Il arrive ce soir 2 demi-brigades d'infanterie dont je ne connois pas l'état de situation et 3 escadrons du 3e régiment de chasseurs, je ne connois pas l'état de situation ni des uns ni des autres.

La 94e passe aux ordres du général Nalèche à Rinbuten, la 59e passe aux ordres du général Daurier à Argenthal.

Je crois qu'une subdivision de votre ambulanre reste à Simmeren, que ce qui reste à Kireberg se tienne prêt à marcher.

Signé : DEBILLY.

Du 23 brumaire 4e année républicaine.

AU CHEF DE BRIGADE TREILLARD, COMMANDANT
LES AVANT-POSTES

Si vous ne me donnez aujourd'hui, mon cher Treillard, l'état des situations des troupes à vos ordres, l'état des morts et des blessés dans l'affaire du 20, vous finirez par m'attirer des reproches de la part du chef de l'état-major général à qui je ne puis rendre des comptes.

Le rapport que je vous demande portera également sur l'infanterie et la cavalerie à vos ordres.

L'arrivée du 3e régiment de chasseurs dérangeant nécessairement l'établissement de vos cantonnemens, je vous prie de m'envoyer l'état de ceux que vous aurez ordonnés ce jour. Vous y comprendrez la répartition faite par vous des deux compagnies d'artillerie légère et de leurs bouches à feu.

Vos nombreuses occupations vous auront fait oublier que vous étiez convenu de fournir des ordonnances aux chefs de corps et au parc des réserves commandé par Seguin à Argenthal. Réparez cet oubli sur-le-champ.

Signé : Debilly.

Du 23 brumaire 4e année républicaine.

AU CHEF DE BRIGADE FAUCHY

Le général Marceau arrête, citoyen, que son parc de réserve sera établi à Trarback jusqu'à nouvel ordre.

Vous le composerez de :

- 6 caissons de 12 ;
- 12 caissons d'obusiers ;
- 8 caissons de 8 ;
- 26 caissons d'infanterie ;
- 13 caissons de 4 ;
- 2 forges ;
- 4 prolonges chargées d'effets de rechange nécessaires.

La disette des munitions a trop compromis le service de la division pour qu'il ne prenne pas toutes les mesures propres à parer à de tels inconvénients.

Votre activité lui répond qu'au reçu de la présente vous donnerez des ordres pour l'établissement de la réserve qu'il vous demande.

Signé : Debilly.

Du 23 brumaire 4e année républicaine.

AU CHEF DE BRIGADE TREILLARD

Vous cantonnerez les trois escadrons du 3e régiment de chasseurs à cheval qui arrive dans l'instant entre le 12e régiment de chasseurs et le 4e régiment de hussards, en resserrant les cantonnemens de ces deux derniers régiments.

Signé : DEBILLY.

Du 23 brumaire 4e année républicaine.

AU GÉNÉRAL NALÈCHE

La 94e demi-brigade devant arriver ce soir, elle passera sous vos ordres ; l'intention du général Marceau est qu'elle soit cantonnée ainsi qu'il suit :

1 bataillon à Ellern ;
1 bataillon à Rimbullen ;
1 bataillon à Mertzback.

Vous voudrez bien prendre vos mesures en conséquence.

Signé : DEBILLY.

De Varfeld le 10 décembre.

Bulletin officiel de l'armée du maréchal de Clairfait.

Depuis l'attaque faite le 1er de ce mois sur nos postes, à la rive gauche de la Nahe, l'ennemi s'étoit renforcé journellement dans les environs de cette rivière, et il avoit appuyé son aile droite à la Glann et à l'Alsenz. Aussitôt qu'une partie de la brigade de Nauendorff fut arrivée à Kayserslautern, l'on résolut de chasser l'ennemi de l'Alsenz et de la Glahn, et, en s'avançant ensuite sur Oberstein et Kirn, de le forcer d'abandonner entièrement les environs de la Nahe. En conséquence de l'ordre qu'il reçut à ce sujet, le général Kray, réuni au général Nauendorff, attaqua le 8, au point du jour, la division du général Marceau, près de Massenheim, tandis que le général Hoditz attaquoit les avant-postes ennemis à Alsenz, Obern heim et Lettweiler. Ces différentes attaques furent si bien exécutées que l'ennemi fut obligé de plier partout et mis en fuite jusqu'à Kirn. Nous avons fait près de 600 prisonniers parmi lesquels il se trouve plusieurs officiers de l'état-major et supérieurs. Nous nous sommes emparés de 5 canons et d'environ 40 chariots de munitions, ainsi que d'un drapeau, et nous avons pris poste sur la Glane, attendu qu'il est impossible d'avancer plus vite dans un pays de montagnes escarpées, sans chemins, occupé par tant de rivières et dans une saison aussi peu favorable.

Les généraux Kray et Nauendorff, à qui nous devons ces avantages éminemment importans, ne peuvent assez louer le courage, l'ardeur et la bonne volonté des troupes impériales; l'on donnera postérieurement la relation détaillée. En attendant, M. le général de Nauendorff donne de grands éloges à la conduite des officiers suivans : général baron de Seckendorff; colonel baron de Schellenberg et lieutenant-colonel Klein de Manfredini, ainsi que ce brave régiment; majors Schustell et Naraiezay, major Korner et major Wadnianski, ainsi que le capitaine comte de Transmansdorff, des uhlans de Klegleviez; major Starzimski et capitaines Ickardowiski et Tillebach, de l'état-major; majors Harschani, de Blanckenstein; capitaines Neubaur, de Bario; lieutenant-colonel d'Aspres de Landon-Verd; premier lieutenant Fedor; les arquebusiers des frontières; lieutenant Naith, de l'artillerie. Outre ces officiers, le colonel baron d'Elsnitz s'est conduit de nouveau de la manière la plus distinguée. Notre perte est très peu conséquente; mais celle de l'ennemi, en morts et blessés, est très considérable. Jourdan s'est retiré derrière la Nahe, d'où l'on cherchera aussi à le chasser.

**Bulletin officiel de l'armée impériale
aux ordres du comte de Clairfait, le 26 décembre.**

A l'effet de déloger le général Jourdan des positions d'où il pouvoit beaucoup incommoder nos troupes, d'empêcher sa jonction avec le général Pichegru et d'assurer enfin à l'armée impériale des quartiers d'hiver paisibles, on résolut d'attaquer l'aile droite de l'ennemi sur l'Alsenz et la Glane, et de faire des démonstrations menaçantes contre les autres parties de sa position. Jourdan, après avoir pénétré sur la Nahe, avoit occupé avec six divisions la ligne depuis le Rhin par Stromberg, Creutznach, Alsenz, jusqu'à Meissenheim, et son front étoit protégé par tous les avantages de la localité. L'on ne pouvoit songer à attaquer du côté de Stromberg et Creutznach à cause des défilés qui y conduisent et que l'on devoit passer en présence de l'ennemi. L'on ne pouvoit également tenter un passage du Rhin près de Coblentz. Le corps du prince de Wurtemberg étoit trop foible pour lutter contre deux divisions qui étoient postées entre Bonn et Coblentz et qui avoient été remplacées sur la Sieg par l'armée du Nord. L'on dut donc se borner de ce côté à inquiéter l'ennemi par des préparatifs et diriger la véritable attaque sur l'aile droite.

Les deux généraux Nauendorff et Kray reçurent l'ordre de faire cette attaque. En conséquence, ils se réunirent, et le 8, au point du jour, ils marchèrent contre le général Marceau. Le général Nauendorff, par l'habileté et la rapidité de ses manœuvres et le courage de ses troupes, fut bientôt maître des hauteurs de Lautereck. Il s'avança ensuite jusqu'à Creutznach et envoya un détachement du côté de Baumholder pour inquiéter davantage l'ennemi.

Le général Kray ayant par là son flanc couvert fit attaquer par le général Jellachich, des arquebusiers, le poste d'Odenbach fortement garni, et lui-même attaqua Messenheim avec deux colonnes dont l'une étoit conduite par le colonel Eltznitz de Karaiezay. Les sages dispositions du général et la bra-

voure des troupes triomphèrent partout, malgré la résistance
opiniâtre de l'ennemi et les difficultés du terrain. Dans le
même temps, l'on fit emporter Alsenz par le colonel Burger,
l'archiduc Ferdinand, tandis que le général comte Hoditz
reçut ordre d'attaquer Odenheim et Leidweiller, afin d'être
par là maître de l'embouchure de l'Alsenz et d'assurer la
communication avec le général Kray. L'ennemi fut repoussé
partout et il se retira précipitamment derrière la Nahe jusqu'où
nos troupes trop fatiguées ne purent le poursuivre. On s'empara de 4 canons, 1 obus et 30 chariots de munitions avec un
drapeau, et on fit prisonniers 800 hommes parmi lesquels
se trouvent beaucoup d'officiers. Notre perte consiste en 1 officier, 32 hommes et 7 chevaux tués ; 5 officiers, 139 hommes
et 18 chevaux blessés ; 16 hommes et 1 cheval égarés.

Cependant le danger auquel étoit exposé le poste de Kaiserslautern arrêtoit nos progrès et pour pouvoir avancer plus
loin, nous devions attendre l'issue des attaques multipliées que
Pichegru formoit de ce côté, attendu que ce poste avoit la
plus grande influence sur la position des deux armées impériales. Le général Nauendorff ne put donc rien faire que d'envoyer ses détachements jusqu'à Birkenfeld. Le capitaine Al-
mazy, des hussards de Barco, rencontra, le 11, l'ennemi près
de Mosbach ; il l'attaqua vigoureusement, fit prisonnier un
officier et 21 hommes, et s'empara de 3 chariots de munitions
avec 300 quintaux de poudre.

Le 12, le général Nauendorff s'avança jusqu'à Allmett, ren-
força ses postes à Birkenfeld et Oberstein et porta en avant
de nouveaux détachemens pour inquiéter de plus en plus le
flanc et les derrières de l'ennemi. Il atteignit si complètement son but que toute l'armée ennemie se retira entièrement
de la Nahe, le 12 au matin, et se porta sur Mosbach, Guemingen, Kirchberg, Simmeren et Bacharach. Le général Kray
entra aussitôt à Kirchheim et envoya ses détachements jusqu'à Sultzbach, où il prit poste. Le général Hoditz marcha
sur Eckweiller, où il prit poste à peu de distance du camp
ennemi de Klopstein. L'on détacha le général Börös avec les
avant-postes de l'armée à Hertzfeld et Schöneberg, près du

bois dit Sohnwald, et le général prince de Hohenlohe prit possession de Stromberg.

Le 14, le général Marceau attaqua les avant-postes du général Kray, mais sans succès. Le général Nauendorff marcha avec son corps sur Birkenfeld et porta en avant ses postes jusque dans le village de la Tour-Trompette. Le général Hoditz attaqua l'ennemi à Klopstein, fit 200 prisonniers, encloua un canon, s'empara d'un autre avec 2 chariots de munitions. Le major Bu-Korny, de l'état-major, et le capitaine Nelwey, des hussards de l'empereur, se sont particulièrement distingués. Le général Börös attaqua tous les postes ennemis près de Schöneberg, fit 30 prisonniers, occupa Schöneberg et s'avança avec sa chaîne jusque près de Türrenbach. Le 15, le général Nauendorff résolut d'attaquer l'ennemi dans sa fameuse position de la Tour-Tronquée, afin d'accélérer sa retraite. Il chargea de cette entreprise le général baron de Seckendorff et le lieutenant-colonel baron d'Aspre. Ces officiers forcèrent l'ennemi à abandonner la position de Gündenthal, Mosbach et Roppert, escaladèrent la triple ligne de la position de la Tour-Tronquée et repoussèrent à la nuit tombante l'ennemi jusqu'à Lohnheim, non loin de Trarbach. L'ennemi laissa 500 hommes sur la place, 150 furent faits prisonniers. Le général de Seckendorff et le lieutenant-colonel d'Aspre ont donné dans cette occasion une nouvelle preuve de leur valeur et de leur habileté.

Le général Nauendorff, animé par ce succès, s'avança sur Hermeskhel, plaça ses avant-postes près de Daumen, dans le voisinage de Trèves, et fit avancer le lieutenant-colonel d'Aspre dans les environs de Neumagen pour couvrir son flanc droit.

Note de l'Auteur :

Le détachement de Pellegrini qui était à Kempfeld y fut attaqué par l'ennemi. Le major baron Strachwitz, commandant du bataillon, rassembla sa troupe et repoussa d'abord l'ennemi, mais, après un combat de 4 heures, dans lequel il épuisa toutes ses munitions, se trouvant pris en flanc et à dos par une brigade de cavalerie qui s'avança au delà d'Aschbach, il dut se rendre prisonnier avec 3 compagnies de Pellegrini et 2 canons. La certitude que l'ennemi se rassemblait en force dans le voisinage du flanc droit du corps de Nauendorff [1], le danger qui menaçait toujours Kaiserslautern, le dessein de l'ennemi de se porter de la Blies sur les derrières du général Nauendorff, l'impossibilité où l'on était de seconder puissamment une diversion aussi étendue, enfin la certitude que l'on avait acquise que la marche sur Trèves n'empêcherait point l'ennemi de se maintenir dans sa position entre Trarbach et Bacharach; toutes ces circonstances réunies engagèrent le général de Nauendorff à renoncer à son projet et à reprendre sa première position près de Birkenfeld.

----

[1] La division Bernadotte.

DANTES A CHAQUE GRADE VICE DANS CHAQUE GRADE. Généraux en chef qui les commandoient.	OBSERVATIONS
le maréchal Luckner, le général Dumouriez.	Commandait l'artillerie du camp de St-Michel et celle de la place de Châlons-sur-Marne.
Canclaux, Aubert, Dubayet, Rossignol, Moulin, Dumas, Hoche.	A commandé l'artillerie de l'armée à défaut d'officiers dans cette arme et a été assez heureux pour mériter du général Canclaux le certificat qu'il joint au présent état (¹).
rant isant le du Kléber et Schaal.	
Jourdan, -et-Beurnonville, Hoche, Augereau.	

PIÈCE I

Services successifs de M. le général de brigade de Billy, l'un des Commandants dans la légion d'honneur, employé au camp de Bruges, né à Dreux, département d'Eure-et-Loir, le 30 juillet 1763.

DÉSIGNATION DES GRADES SUCCESSIFS	DÉSIGNATION DES CORPS dans lesquels il a servi.	DATES		DURÉE DU SERVICE DANS CHAQUE GRADE			CAMPAGNES CORRESPONDANTES A CHAQUE GRADE ET A LA DURÉE DU SERVICE DANS CHAQUE GRADE.			OBSERVATIONS
		DES PROMOTIONS à chaque grade depuis son entrée au service.	DE LA CESSATION du service dans chaque grade.	Ans.	Mois.	Jours.	Années.	Armées.	Généraux ou chef qui les commandoient.	
Adjudant général au concours .	Artill. de Paris.	Le juin 1792 . . .	29 juin 1793	1	»	15 à 20	1793	du centre	le maréchal Luckner, le général Dumouriez.	Commandait l'artillerie du camp de St-Michel et celle de la place de Châlons-sur-Marne.
							1793 et an 2.	des côtes	Canclaux, Aubert, Dubayet, Rossignol, Moulin, Dumas, Hoche.	A commandé l'artillerie de l'armée à défaut d'officiers dans cette arme et a été assez heureux pour mériter du général Canclaux le certificat qu'il joint au présent état (1).
Adjudant général et chef de bataillon nommé par le général en chef pour sa conduite à l'affaire de Nantes	»	Le 29 juin 1793 . . .	28 pluviôse an 3 . . .	1	7	30	An 3	de siège devant Mayence (faisant partie de celle du Rhin)	Kléber et Schaal.	
Adjudant général. . . . . Chef de brigade	«	Le 28 pluviôse an 3 .	12 thermidor an 7. . .	4	6	16	Ans 4 et 5.	de Sambre-et-Meuse	Jourdan, Beurnonville, Hoche, Augereau.	
Général de brigade	»	Le 12 thermidor an 7.	»	5	6	»	An 6	d'Angleterre . . .	Bonaparte, Kilmaine.	
								de Mayence . . .	Hatry, Joubert.	
							An 7 . . .	du Danube	Jourdan,	
								d'Helvétie	Masséna.	A été blessé à la première affaire de Zurich.
							Ans 8 et 9.	du Rhin	Moreau.	A eu un cheval tué sous lui, un autre blessé à l'affaire de Biberach, dans une reconnaissance sur Roggenburg.
							Ans { 11, 12, 13 }	Camp de Bruges .	Davout.	

(1) Voir ce certificat page 4, note 3.

PIÈCE II

LETTRE DE SERGENT-MARCEAU A DE BILLY

Paris, le 24 floréal an 6e.

A tout ce que vous me demandez, mon cher Général, je n'ai guère de résultat satisfaisant à vous donner; si je ne pouvais craindre que vous m'accusiez de négligence ou de froideur, je devrais rester coi sans répondre. Car, à quoi bon prendre la plume, quand on ne peut contenter ou le cœur ou l'esprit. Il faut pourtant que je vous conte comment et pourquoi il m'est impossible de ne rien dire.

Je n'ai rien de décidé encore pour le tombeau de notre ami; je vous avais parlé, je pense, d'une idée assez heureuse que je voulais montrer en croquis à vous et au général Championnet; mais je pense que vous l'avez vue. Mes deux soldats assis dans l'abattement au bas de l'urne placée dans le col du four, et une Renommée figurant l'armée sur la pointe de la pyramide; le tout devait être en bronze. Eh bien, il faut y renoncer; j'ai demandé, avant de le proposer aux généraux, une estimation par aperçu de prix .... 100,000 fr. pour l'exécution, sans la matière que nous avons, encore le fondeur a-t-il ajouté: En admettant que le Gouvernement me prêtera les fourneaux qui sont construits depuis Louis XIV, sans cela il en coûterait 20,000 fr. de plus pour la construction des fourneaux. Vous voyez bien qu'il a fallu remettre en portefeuille mon dessin. Une figure seule, dis-je à l'artiste, qu'en croyez-vous? Le fondeur, consulté, répond : De 50,000 à 60,000 fr. Bon, il faut y renoncer.

Maintenant, je suis occupé à vous trouver une idée heureuse pour une figure de 8 à 10 pieds en marbre blanc. Le jeune artiste, plein de calcul et qui a de belles conceptions, avec lequel je me consulte, se damne avec moi, parce que nous ne pouvons trouver un moyen heureux d'ajuster une figure seule sur cette imbécile composition de monument;

n'en déplaise au général *Grand* (car nous sommes convenus de mettre l'adjectif après le substantif dans ce cas pour avoir des idées plus justes).

Le jeune sculpteur s'appelle Chaudet, et il est fait pour honorer cet art en France, s'il peut trouver des ouvrages qui méritent.

Il veut que celui-là lui fasse honneur; aussi ne veut-il point hasarder une idée rétrécie. Vous voyez comme cela me contrarie; je le presse, car si vous partez pour Londres, où vous irais-je trouver pour avoir l'ordre du général Championnet?

Ah! voilà le second point de votre lettre. Quand irons-nous à Londres? Vous me demandez cela à moi qui ne me mêle plus des choses terrestres et qui n'ai plus de communications avec les puissances célestes. Ah! vous me le demandez à moi. Venez à Paris, chacun vous dira : « Y aura-t-il une descente en Angleterre? » « Croyez-vous que ce soit pour cette année? » « Y a-t-il encore une armée qu'on appelait d'Angleterre? » « Que dit-on des généraux? Sait-on où ils sont, où ils vont, ce qu'ils feront? » Et cent autres dictons que l'on vous rapellerait à Paris. Je parie qu'à Londres vous en sauriez plus long; aussi voudrais-je de tout mon cœur vous voir déjà y demander *des nouvelles.*

Telle est la position de Paris que le mystère le plus grand et le plus utile sans doute lui laisse ignorer les vues du gouvernement.

En attendant, je vous plains de l'ennuy que vous éprouvez, mais je ne saurais dire si cette pénitence durera longtemps.

En attendant, j'ai mis au jour mon portrait de Marceau, qui fait beaucoup de plaisir aux artistes, aux amateurs, aux marchands. Comme, dans votre séjour à Lille ou dans vos courses, vous pourriez me trouver des correspondants sûrs, accrédités, pour la vente, puisque vous pouvez vous informer d'eux et si on peut faire affaires, je vous envoye quatre annonces du portrait que vous m'obligerez de donner à quelques gros libraires ou marchands d'estampes.

Auguste Marceau est arrivé à Paris; il est en ce moment à Chartres où, malgré l'empressement de sa sœur à le placer auprès de Kléber, à lui donner l'hospitalité chez nous, à lui, son domestique et ses chevaux, il se réunit à ses frères pour suivre contre elle l'action juridique qui doit casser le testament du brave général qui, malgré eux, couvre de gloire le nom qu'ils portent. Encore un général à enregistrer sur la grande liste.

Je pense que la citoyenne de Billy aura retiré de son voyage bien de la satisfaction, d'abord d'être auprès de vous et de voir ensuite des pays nouveaux ; je lui souhaite l'appareil d'une descente ; je lui présente mes respectueuses civilités.

Pour vous désennuyer, vous devriez bien, de temps en temps, me faire le plaisir de m'écrire quelques traits de la vie militaire de Marceau, quelques passages de discours et propos d'action qui donnent une idée du caractère de l'homme, comme vous m'avez raconté déjà que j'ai en note. Vous obligeriez quatre personnes : Ag, sa maman, Émira et moi ; car nous avons tous quatre intérêt et besoin que moi je puisse donner une notice assez détaillée de sa vie ; faites cela, et je pousserai la descente. Adieu ; voulez-vous bien vous charger de me rappeler au souvenir du général Championnet, à qui mon amie dit mille choses aimables. Et, quoi que mari, je sais que quand elle s'en mêle, on peut dire qu'elle y réussit. Pour vous, elle se réserve, je crois, à votre retour d'Angleterre.

SERGENT-MARCEAU.

PIÈCE III

Hier au soir, mon cher Général, j'ai appris, avec bien de la peine, que vous aviez été blessé. Vous ne devez pas douter de l'intérêt que je mets à ce qui vous regarde. Vous me connaissez assez pour juger de l'impression que cette nouvelle a faite sur moi. Je vous prie donc de me retirer de l'état d'inquiétude dans laquelle je suis ; vous pouvez être persuadé (quoique je demeure maintenant avec mon père) que mes sentimens n'ont éprouvé aucun changement. J'ai conservé la même affection pour mes amis et, si l'on a voulu vous faire croire le contraire, on s'est trompé. Ce n'est pas ma faute si les autres ont changé; pour mon cœur, il est toujours resté le même, attaché pour la vie aux amis de Marceau. Ne doutez pas, mon cher Général, de mon amitié.

Ce 22 prairial.

Agathe LEPRESTRE, de Châteaugiron.

Rue Neuve-des-Mathurins, nᵒˢ 99 et 103, près le passage Cendrier, à Paris.

PIÈCE IV

ARMÉE DU DANUBE

—

Au Thal, le 25 prairial.

ROBERT A DEBILLY, SON AMI

Ce n'est pas sans frayeur et la plus vive inquiétude que je viens de lire dans les journaux que tu avois été blessé dans l'affaire du 4   . D'après les liens étroits qui nous unissent, j'espère que tu ne laisseras pas longtemps ignorer à ton ami ton véritable état. Mon amitié, singulièrement alarmée sur ta position, a besoin d'être tranquillisée, et rien ne peut le faire qu'un petit mot de ta main. Comme tu es à Strasbourg et, par conséquent, fort peu éloigné de Nancy, rends-toi, mon intime, à la campagne de ma femme. Tu y trouveras des amis qui prendront soin de toi; des officiers de santé de Nancy iront t'y voir et te soigner. Moi, de mon côté, je tâcherai de m'éclipser un instant pour aller passer dans le sein de l'amitié quelques-uns de ces moments délicieux que l'on ne goûte qu'éloigné du tourbillon et avec un ami auquel tant de rares qualités m'ont attaché.

Adieu, mon bon Debilly; un petit mot, je t'en prie. Je t'aime et t'embrasse.

ROBERT.

PIÈCE V

Strasbourg, le 10 messidor an 7°.

DEBILLY A SON AMI ROBERT

J'étois certain d'avance, mon cher Robert, que ton amitié s'alarmeroit à la nouvelle de ma blessure. Consoles-toi, elle ne sera que longue à guérir, mais elle ne présente jusqu'ici d'autre danger à craindre que celui de perdre deux ou au moins un doigt; trop heureux si je m'en tire avec ce léger sacrifice; j'ai reçu le coup le plus étonnant qui puisse se voir. J'ai été frappé à la partie supérieure du bras, près de sa jonction avec l'épaule. La balle a eu la complaisance de faire la demi-circonférence de l'os sans le toucher; elle est venue sortir à la partie diamétralement opposée. Les plaies sont en assez bon état; je donne beaucoup de soins à ma guérison et je ne néglige rien pour l'obtenir.

Je te remercie de ton offre; sans doute, si j'avois été transportable, j'aurois accepté ton domicile; mais, à mon arrivée à Strasbourg, on craignoit la gangrène, et j'ai dû m'y fixer. J'y suis traité par le capitaine Marachat, le chirurgien de la ville qui ait le plus de réputation. Il va me permettre de faire un petit voyage à Haguenau, chez un de mes amis, tant parce que je désire me rapprocher de lui que parceque cette ville me tient à portée des eaux de Niederbronn. Si tu fais le voyage de Hanau, demande-moi à Haguenau, chez le citoyen Rozé, président de la municipalité.

Que fait ton frère? Salues-le de ma part. Je t'embrasse bien cordialement et suis ton bon ami.

DE BILLY.

PIÈCE VI

DÉPARTEMENT DE JEMMAPES   *Liberté — Égalité*

Mons, le 22 prairial de l'an 7 de la République Française.

LE SECRÉTAIRE EN CHEF DE L'ADMINISTRATION CENTRALE DU DÉPARTEMENT DE JEMMAPES AU GÉNÉRAL CHEF DE L'ÉTAT-MAJOR GÉNÉRAL DE L'ARMÉE DU DANUBE.

Citoyen Général,

Une lettre du quartier général de l'armée du Danube, insérée dans le *Propagateur* du 20 de ce mois, m'apprend que l'adjudant général Debilly a été blessé dans l'affaire qui eut lieu le 15 du courant en avant de Zurich, mais j'ignore si les blessures sont graves ou légères. L'amitié la plus vive nous unit, Debilly et moy, depuis longtemps; vous devez juger combien me donne d'inquiétude la triste nouvelle que j'apprends dans ce moment. Vous n'êtes sans doute pas étranger aux sentimens de l'amitié, citoyen général; ayez la bonté de me faire connaître ce que je dois craindre ou espérer sur le sort de mon ami; mon bonheur dépend du sien; c'est assez vous faire sentir l'importance du service que j'attends de vous. Je ne vous distrairai pas plus longtemps de vos grandes occupations.

Recevez l'expression des vœux que je forme pour le triomphe de vos efforts. Recevez en même temps le titre de la reconnaissance que je vous devrai pour le bienfait que j'attends de vous.

Salut et fraternité.

ESNAULT.

PIÈCE VII

Paris, le 26 frimaire an 7.

LE GÉNÉRAL DE BRIGADE DE BILLY A MONSIEUR TABARIER, INS-
PECTEUR AUX REVUES ET CHEF DE LA DIVISION DU PERSONNEL
AU MINISTÈRE DE LA GUERRE

Monsieur,

J'ai l'honneur de vous adresser les seules pièces qui me
restent pour constater ma présence aux armées en 1792 et
en 1793 antérieurement à ma nomination d'adjudant général
dans la ligne faite par les représentans du peuple, fin de
juillet même année.

Tous les ordres ministériels dont j'étois porteur ont été
perdus. Je désire bien vivement que les autres vous paraissent
suffisans pour que j'obtienne d'être rappelé de mes services
depuis le commencement de la guerre de la Révolution.

Le certificat surtout du général Canclaux pourroit me mériter une apostille honorable pour l'année 1793.

Permettez, Monsieur, que je vous remercie de nouveau de
toutes vos complaisances pour moi et que je vous assure de
l'inviolable attachement avec lequel j'ai l'honneur d'être

Votre dévoué

DE BILLY.

PIÈCE VIII

ARMÉE DU DANUBE

Strasbourg, le 25 prairial an 7.

DEBILLY ADJUDANT GÉNÉRAL AU GÉNÉRAL EN CHEF MASSÉNA

Mon Général,

Dans votre rapport au Directoire exécutif sur les affaires des 14 et 15 courant, vous dites qu'envoyé par lui près de vous, j'ai été blessé aussitôt mon arrivée à l'armée.

Permettez-moi de vous exposer que je ne l'ai point quittée depuis qu'elle est entrée en campagne. J'ai servi près du général Saint-Cyr jusqu'au retour à la rive gauche du Rhin ; j'ai été chargé ensuite de m'établir dans la tête du pont du Vieux-Brisack et de la mettre en état de défense. C'est moi qui, lorsque j'ai cru cette besogne suffisamment avancée, ai sollicité du général une destination plus active ; j'ai l'honneur de vous envoyé copie de l'ordre que j'avois reçu de lui pour me rendre à Zurich.

Il m'importe, mon Général, de ne pas paroître auprès du gouvernement avoir été absent de mon poste, et si ma blessure me laisse quelque regret, c'est celui d'être obligé de suspendre mon service.

Daignez agréer l'assurance du respect de votre subordonné.

DEBILLY.

PIÈCE IX

Paris, le 24 frimaire an VIII de la République Française
une et indivisible.

DE BILLY, GÉNÉRAL DE BRIGADE, AU GÉNÉRAL DE DIVISION
DURSION DESSOLES, CHEF DE L'ÉTAT-MAJOR GÉNÉRAL

Blessé assez grièvement à l'affaire de Zurich, j'avais demandé d'aller me faire traiter à Strasbourg ; j'obtins ensuite de l'emploi à Mayence, j'étais loin d'être guéri, mais je voulais me réunir au général Sainte-Suzanne, mon ancien ami, et passer ma convalescence près de lui.

Je fus mandé à Paris par l'ex-ministre Bernadotte ; il me pria d'accepter l'une des divisions de son département. J'alléguai que ma santé ne me permettrait pas d'en soutenir le travail, et je fis valoir surtout le désir que j'avais de ne pas cesser d'appartenir à l'armée dont je ne m'étais jamais séparé ; j'en reçus l'assurance dans l'ordre qui me conféra la division de l'artillerie et du génie, et me proposant de retourner au Rhin, dès que je pourrai supporter le cheval. J'y laisserai mes équipages.

Je vous demande, citoyen général, de m'obtenir de nouvelles lettres de service pour l'armée que le général Moreau va commander.

Salut et fraternité.

DEBILLY.

Le général Moreau à qui j'ai communiqué cette lettre pense que, puisque cet officier général avait été rappelé momentanément au ministère de la guerre pour lui donner une destination de repos pendant qu'il guérirait de ses blessures, il est censé n'avoir point quitté l'armée du Rhin.

Le général de division,
chef de l'état-major général de l'armée du Rhin.

DESSOLES.

PIÈCE X

Rapport sur la maladie et la mort
de M. le général en chef Hoche par M. le médecin
Philenius ([1]).

Vous avez lu mon jugement dans le commencement du mois de septembre, par rapport à la maladie du grand et défunt général en chef Hoche.

Son mal principal étoit asthme et une toux très enviée, laquelle venoit par humidité et refroidissement sur la mer, au printemps; de là toute transpiration a été supprimée et un catharre suivoit, qu'on n'estimoit pas, mais on le négligeoit. Les bronches souffroient évidemment d'obstruction; son sang étoit très épais, noir, phlogistique, comme on voyoit d'une saignée faite quelques jours avant de ma consultation. J'ai conseillé des remèdes dissolvants, rafraîchissants, pour rendre le sang plus fluide, et pour l'adoucir après. Je conseillois de mettre des ventouses, des sangsues sur la poitrine où il sentoit le plus fort serrement; un vésicatoire entre les épaules. Des exhalaisons pour adoucir l'haleine, de petites saignées répétées, comme je jugeois à propos pour empêcher la congestion à côté du poumon ou la phlogassis, les habits de dessous de laine et se garder d'un air piquant, froid et d'une fin de montagne et contre tout ce qui pourroit causer des catharres nouveaux, et enfin la diète.

Le second jour où j'avois l'honneur de revoir M. le général, il me disoit : je me trouve soulagé par vos remèdes, l'eau de Faching avec du lait chaud fait un bon effet, et avec cette consolation je partois; on vouloit me donner avis de l'effet et j'aurois conseillé d'autres remèdes, selon les circonstances. Mais cela ne se faisoit pas; mes remèdes intérieurs n'étoient employés que deux jours, des remèdes concernant la tête et toutes les extérieures, on ne les suivoit point du tout. Après, on ne lui donnoit que des bagatelles de tisanes et quelque

---

([1]) Il s'agit probablement de l'empirique cité par M. Claude Desprez. (Voir *Vie de Lazare Hoche*, par DESPREZ, p. 338.)

opium pour le tranquilliser, et ainsi le mal montoit très doucement jusqu'au dernier extrême.

Le 17 septembre j'étois encor appelé ; le soir j'arrivois à Wetzlar, ni ce jour, ni le lendemain je n'osois voir le malade. Je devois attendre jusqu'à ce que les médecins français fussent arrivés pour la consultation ; le même malheur avoit avec moi M. Sigault, médecin français de Wissbaden. Enfin, le 18, tous les médecins demandés, M. de Baut et d'Alebert, arrivoient de Bonn ; le soir à dix heures, après la soupe, nous étions conduits chez le général, il était assis tout courbé dans son lit, il soupiroit très difficilement, vite, le pouls étoit petit, foible, les extrémités froides, sa langue foible, serrée ; nous le quittâmes d'abord, et on nous conduit encore une fois à table, tout tristes de cet état dangereux. J'ai demandé à M. Sigault : ne voulons-nous pas faire quelque chose, les circonstances sont très dangereuses ; sûrement, me répondit-il, mais les chirurgiens veulent être les maîtres et avoir le premier rang ; peu après, nous étions vitement demandés chez le malade ; à présent, le péril d'étouffement était bien plus grand, il soupiroit très difficilement. Attristé, inquiet, il vouloit à la fenêtre pour avoir de l'air ; son visage étoit pâle, il avoit déjà ses agonies et d'une telle manière il se faisoit beaucoup, et beaucoup n'étoit pas fait par rapport à ses contradictions. La maladie devenoit toujours plus grande jusqu'à ce que le pour ainsi dire immortel et grand homme exhaloit son âme à quatre heures du matin.

A l'ouverture, nous trouvâmes pourtant le poumon rempli de sang épais et noir, le droit rongé et la plèvre, de même que quelques parties de l'estomac, que les boyaux, les reins enflammés, un endroit dans le Stimmritze (glotte) étoit enenflammé sous la tête ; dans l'après-artère (trachée-artère) nous trouvâmes une excrescence de la grandeur d'un gland, du sang foulé, ainsi l'après-artère souffroit effectivement qui dans la suite pouvoit causer des accidents étouffants.

A un mot, il est mort d'inflammations intérieures qui causoient des péripermonies et asthme compulsirum, non d'empoisonnement, on ne voyait aucune marque, de là on ne peut pas tirer les plus grandes inflammations ; s'il avoit eu du poison minéral, il auroit eu gastralgie, coliques, constipation, vomissements ; s'il avoit eu du poison végétabilique, il auroit senti ces mêmes effets sur les nerfs des boyaux du bas-ventre, tournoiement de tête et dissolution de sang ; mais de tout cela on ne voyoit rien, et pendant sa vie il ne se plaignoit jamais de cela.

PIÈCE XI

DÉPARTEMENT DE LA GUERRE

———

SECRÉTARIAT

——

NOTA. — Chacun oublie de rappeler l'indication du bureau et il en résulte des erreurs et des retards.

Liberté — Égalité

———

Paris, le 11 vendémiaire an 8 de la République française, une et indivisible.

LE MINISTRE DE LA GUERRE AU CHEF DE LA 3ᵉ DIVISION

Une organisation plus concentrée m'ayant paru nécessaire à la clarté et à la prompte expédition des affaires de mon ministère ; forcé, d'ailleurs, par la loi, à de pénibles réformes, je vous préviens, citoyen, que j'ai réduit le service du ministère de la guerre à trois grandes divisions :

Que les chefs de division sont :

Le citoyen Besson, pour le personnel ;

Le citoyen Alexandre, pour le matériel ;

Le citoyen Chambon, pour la comptabilité.

A dater d'aujourd'hui, ces citoyens entrent en fonctions. Vous leur remettrez, dès qu'ils le demanderont, tous les détails du service qui vous étoit confié.

Je vous crois trop sincèrement attaché à la République, pour que cette opération, qui n'est qu'une affaire d'ordre, refroidisse votre zèle et vous laisse moins disposé à consacrer vos talens au bien du service. J'engage mes chefs de division actuels à me présenter sans délai les moyens de les utiliser d'une manière qui remplisse l'intention où je suis d'allier vos intérêts personnels avec ceux de la République.

Salut et fraternité.   DUBOIS-CRANCÉ.

PIÈCE XII

DIVISION MILITAIRE   RÉPUBLIQUE FRANÇAISE

Au quartier général à Bruges, le 24 messidor (12 juillet 1803)
an 11 de la République.

LE GÉNÉRAL DE BRIGADE DURUTTE [1] A SON CAMARADE DE BILLY

Mon cher ami,

Le premier Consul est dans ce département depuis samedi ;
il a été à Flessingue, il en est revenu cette nuit. Je dois à ton
amitié de te mettre au courant.

Il faut lui rendre avec soin tous les honneurs qui lui sont
dus. Sans montrer de l'empressement, l'accompagner ; il ne
veut l'être que quand il le demande ; il interroge beaucoup, et,
pour lui plaire, il faut lui répondre d'une manière laconique
et ne pas faire dégénérer les réponses en conversation. Il
semble alors qu'il n'écoute plus, et même qu'il croit alors sa
dignité compromise. Ayez donc soin de ne lui parler que
quand il interrogera. Ses alentours sont froids comme du
marbre, ou plutôt comme des courtisans ; il faut en excepter
son beau-fils, le colonel Beauharnais, qui est un excellent
enfant ; il est probable que tu connois quelqu'un des généraux
qui sont avec lui, ils te seront sans doute utiles. Je lui avois
fait des notes sur toutes les places de mon département, que
je lui ai fait remettre par le colonel Beauharnais ; il semble
qu'il ne les a pas lues. Cependant il a ordonné à Ostende les
travaux dont je demandois l'exécution.

Le peuple l'a beaucoup accueilli, et cela a paru faire grand
plaisir ; partout il fait quelques actes de générosité et ordonne

---

(1) Durutte (Joseph-François, comte), général de brigade le 26 septembre
1799, général de division le 27 août 1803.

des travaux utiles, mais je ne vois pas qu'il cherche beaucoup à connoître les abus qui existent dans l'administration.

Son épouse est avec lui ; elle est fort aimable et plus communicative que lui ; deux dames d'honneur l'accompagnent, la belle-mère du général Lagrange et Mme de Rémusat, cette dernière point sensible et fort obligeante. On ne sait jamais quand il arrive, ni quand il part, l'arrivée ou le départ du général Moncey qui le précède de quelques heures.

Il me dit à Ostende qu'il était satisfait. Je ne doute pas qu'il ne t'en dise autant.

Ton ami,

F. Durutte.

PIÈCE XIII

Quartier général à Sulza le 15 octobre 1806.

A M. ROBERT

M. Christophe et moi remplissons un devoir bien pénible en vous annonçant la mort de notre bon et brave général.

Hier nous avons eu une bataille générale près de Nauembourg ; une forte partie de l'armée prussienne a voulu faire une trouée de notre côté et nous a fait considérablement souffrir, surtout la brigade de notre général ; c'est dans le moment où nous marchions bayonnettes en avant, qu'il fut percé de plus de dix biscayens à nos côtés ; il est de suite tombé de cheval et n'a pu prononcer que ces mots : *Je vous recommande ma femme et mes enfants, dites-leur adieu.*

Le but de ma lettre et son principal motif est de vous prier de vouloir bien, si la bonne Madame de Billy est encore chez vous à Vallerstein, lui annoncer cette nouvelle avec les ménagemens qu'exigent et son état et la tendresse qu'elle porte à son mari.

Dites-lui bien aussi, mon cher Monsieur, combien nous partageons déjà la douleur qu'elle va éprouver. Nous savons qu'on ne peut en faire une comparaison, mais le soldat perd un père et nous un bon ami.

Adieu, Monsieur; plaignez Madame de Billy, consolez-la; plaignez nous nous-mêmes, et daignez agréer l'assurance de notre parfaite considération.

CHRISTOPHE, BAUDINOT (¹).

La bataille a été gagnée; l'ennemi a beaucoup souffert en tués et en prisonniers. D'ailleurs, nous n'en connaissons pas encore les résultats.

M. le colonel Nicolaï est blessé à mort.

M. Christophe et moi avons été froissés chacun d'un biscayen.

----

(1) Aides de camp du général.

TABLE DES MATIÈRES

Nancy, impr. Berger-Levrault et Cie.

Cette carte, tirée des Archives de la guerre, est la seule qui présente l'ensemble du théâtre des opérations dans le Hundsrück. Ayant été établie en prairial, elle ne donnait pas toutes les positions de l'avant-garde au delà de la Nahe. Le calque a été ajouté pour l'affaire de Meissenheim. Les minutes des cartes relatives aux affaires de Stromberg, de Meissenheim et de Sulzbach, ainsi que celles des terrains où opéra la division Marceau sont dans les archives de **M. A. de Billy.**

BERGER-LEVRAULT ET Cie, ÉDITEURS

PARIS, 5, RUE DES BEAUX-ARTS. — 18, RUE DES GLACIS, NANCY

PIERRE LEHAUTCOURT

HISTOIRE DE LA GUERRE DE 1870-1871

TOME Ier

LES ORIGINES

(SADOWA. — L'AFFAIRE DU LUXEMBOURG.
LA CANDIDATURE HOHENZOLLERN. — LA DÉPÊCHE D'EMS.)

Un volume in-8 de 422 pages, broché. Prix . . . . **6 fr.**

Ce volume forme le tome Ier de la

Ire PARTIE. — **La Guerre contre les armées impériales,** dont les
tomes suivants, en préparation, seront :

II. Wissembourg, Frœschwiller, Spicheren. — III. Les Batailles sous Metz.
IV. Sedan. — V. Capitulation de Metz.

Paru précédemment :

2e PARTIE. — **La Défense nationale.** 8 volumes in-8, brochés. Prix. **49 fr.**

*Ouvrage deux fois couronné par l'Académie française (second grand prix Gobert)
en 1899 et en 1900.*

**Manuel de l'Organisation de l'armée et du fonctionnement des services
militaires,** à l'usage des états-majors, chefs de corps et officiers de toutes armes, par
C. LASSALLE, archiviste d'état-major de 1re classe au ministère de la guerre. 2e édition,
mise à jour. 1899. Un fort volume in-8 de 1,651 pages, broché. . . . . **15 fr.**
Relié en percaline. . . . . **16 fr. 50 c.** — Relié demi-chagrin. . . . **17 fr. 50 c.**

Essai sur l'emploi de la Cavalerie. *Leçons vécues de la guerre de 1870,* et faites
en 1895 à l'École supérieure de guerre, par le colonel CHERFILS, commandant le 7e dragons.
1899. Un volume grand in-8 de 708 pages, avec un atlas in-4 comprenant une carte
générale grand in-folio et 10 croquis en couleurs. . . . . **15 fr.**

Cavalerie en Campagne. Études d'après la carte, par le même. 2e édition, augmentée.
1893. Un volume grand in-8 de 352 pages, avec 4 cartes, broché . . . . **6 fr.**

Manuel complet de Fortification, rédigé conformément au programme du cours
professé à l'École spéciale militaire et au programme d'admission à l'École supérieure de
guerre, par H. PLESSIX, colonel d'artillerie en retraite, et LEGRAND-GIRARDE, lieutenant-
colonel du génie. 3e édition refondue. 1900. Un volume in-8 de 744 pages, avec 280 figures
et planches en noir et en couleurs, relié en percaline . . . . **10 fr.**

L'État militaire des principales Puissances étrangères en 1900 : *Allemagne,
Autriche-Hongrie, Belgique, Espagne, Grande-Bretagne, Italie, Roumanie, Russie,
Suisse,* par J. LAUTH, chef d'escadrons de cavalerie breveté d'état-major. 7e édition, aug-
mentée et mise à jour. Un volume in-8 de 761 pages, broché . . . . . . **7 fr. 50 c.**

Les Flottes de combat étrangères en 1900, par le commandant DE BALINCOURT,
capitaine de frégate. Un volume in-16 oblong de 668 pages, avec 300 figures schématiques
de bâtiments, reliure percaline souple, tranches rouges. . . . . **6 fr.**